Lei Orgânica do Ministério Público do Estado de São Paulo

CB123623

CÓPIA NÃO AUTORIZADA É CRIME
ABDR
ASSOCIAÇÃO BRASILEIRA DE DIREITOS REPROGRÁFICOS
RESPEITE O DIREITO AUTORAL
EDITORA AFILIADA

O livro é a porta que se abre para a realização do homem.

Jair Lot Vieira

Supervisão Editorial
JAIR LOT VIEIRA

LEI ORGÂNICA DO MINISTÉRIO PÚBLICO DO ESTADO DE SÃO PAULO

LEI COMPLEMENTAR Nº 734,
DE 26 DE NOVEMBRO DE 1993

Atualizada com as Leis Complementares
1.147, de 6.9.2011 e 1.155, de 26.10.2011

edipro

LEI ORGÂNICA
DO MINISTÉRIO PÚBLICO DO ESTADO DE SÃO PAULO

LEI COMPLEMENTAR Nº 734, DE 26 DE NOVEMBRO DE 1993

Atualizada com as Leis Complementares
nºs 1.147, de 6.9.2011 e 1.155, de 26.10.2011

Supervisão editorial: Jair Lot Vieira

© *desta edição: Edipro Edições Profissionais Ltda. – CNPJ nº 47.640.982/0001-40*

3ª Edição 2012 – atualizada até DOE de 1º.11.2011

Coordenação editorial: *Maíra Lot Vieira Micales*
Produção editorial: *Murilo Oliveira de Castro Coelho*
Editoração: *Alexandre Rudyard Benevides*
Revisão: *Bruno Miola da Silva*
Arte: *Daniele Mariotin*

Dados Internacionais de Catalogação na Publicação (CIP)
(Câmara Brasileira do Livro, SP, Brasil)

São Paulo

Lei Orgânica do Ministério Público do Estado de São Paulo : Lei complementar nº 734, de 26 de novembro de 1993 / supervisão editorial Jair Lot Vieira. – São Paulo : EDIPRO, 3ª ed. rev., atual. e ampl., 2012. -- (Série Legislação estadual)

ISBN 978-85-7283-790-3

1. Ministério público – São Paulo (SP) 2. Ministério público – Leis e legislação – São Paulo (SP) I. Vieira, Jair Lot. 1946- II. Série.

94-0112 CDU-347.963(816.1)(094)

Índices para catálogo sistemático:

1. Lei Orgânica do Ministério Público : São Paulo : Estado : Direito processual : 347.963(816.1)(094)
2. Leis : Ministério Público : São Paulo : Estado : Direito processual : 347.963(816.1)(094)
3. São Paulo : Estado : Lei Orgânica do Ministério Público : Direito processual : 347.963(816.1)(094)
4. São Paulo : Estado : Leis : Ministério Público : Direito processual : 347.963(816.1)(094)

edipro
edições profissionais ltda.
São Paulo: Fone (11) 3107-4788 – Fax (11) 3107-0061
Bauru: Fone (14) 3234-4121 – Fax (14) 3234-4122
www.edipro.com.br

SUMÁRIO

Lei Orgânica do Ministério Público do Estado de São Paulo

LEI COMPLEMENTAR Nº 734, DE 26 DE NOVEMBRO DE 1993

Institui a Lei Orgânica do Ministério Público e dá outras providências.

O Governador do Estado de São Paulo:

Faço saber que a Assembleia Legislativa decreta e eu promulgo a seguinte Lei Complementar:

LIVRO I

DA AUTONOMIA, DA ORGANIZAÇÃO E DAS ATRIBUIÇÕES DO MINISTÉRIO PÚBLICO

TÍTULO I

DAS DISPOSIÇÕES GERAIS E DA AUTONOMIA DO MINISTÉRIO PÚBLICO

Capítulo I – Das Disposições Gerais

Art. 1º. O Ministério Público é instituição permanente, essencial à função jurisdicional do Estado, incumbindo-lhe a defesa da ordem jurídica, do regime democrático e dos interesses sociais e individuais indisponíveis.

§ 1º. A organização, as atribuições e o estatuto do Ministério Público são estabelecidos por esta Lei Complementar.

§ 2º. São princípios institucionais do Ministério Público a unidade, a indivisibilidade e a independência funcional.

§ 3º. A Chefia do Ministério Público cabe ao Procurador-Geral de Justiça.

Capítulo II – Da Autonomia do Ministério Público

Art. 2º. Ao Ministério Público é assegurada autonomia funcional e administrativa, cabendo-lhe, especialmente:

I – praticar atos próprios de gestão;

II – praticar atos e decidir sobre a situação funcional e administrativa do pessoal, ativo e inativo, da carreira e dos serviços auxiliares, organizados em quadros próprios;

III – elaborar suas folhas de pagamentos e expedir os competentes demonstrativos;

IV – adquirir bens e contratar serviços, efetuando a respectiva contabilização;

V – propor ao Poder Legislativo a criação e a extinção de seus cargos, bem como a fixação e o reajuste dos vencimentos de seus membros;

VI – propor ao Poder Legislativo a criação e a extinção dos cargos de seus serviços auxiliares, bem como a fixação e o reajuste dos vencimentos de seus servidores;

VII – prover os cargos iniciais da carreira e dos serviços auxiliares, bem como nos casos de remoção, promoção e demais formas de provimento derivado;

VIII – editar atos de aposentadoria, exoneração e outros que importem em vacância de cargos de carreira e dos serviços auxiliares, bem como os de disponibilidade de membros do Ministério Público e de seus servidores;

IX – instituir e organizar seus órgãos de apoio administrativo, suas secretarias e os serviços auxiliares das Procuradorias e Promotorias de Justiça;

X – compor os seus órgãos de Administração;

XI – elaborar seus regimentos internos;

XII – exercer outras competências decorrentes de sua autonomia.

§ 1º. O Ministério Público instalará seus órgãos de administração, de execução e de serviços auxiliares em prédios sob sua administração, além de poder contar com as dependências a ele destinadas nos prédios do Poder Judiciário.

§ 2º. Na construção dos edifícios dos fóruns, serão reservadas instalações adequadas para o Ministério Público em prédio ou ala própria, independentes e sob sua administração.

§ 3º. As decisões do Ministério Público fundadas em sua autonomia funcional, administrativa e financeira, obedecidas as formalidades legais, têm autoexecutoriedade e eficácia plena, ressalvada a competência constitucional do Poder Judiciário e do Tribunal de Contas.

§ 4º. Os atos de gestão administrativa do Ministério Público, inclusive no tocante a convênios, contratações e aquisições de bens e serviços, não podem ser condicionados à apreciação prévia de quaisquer órgãos do Poder Executivo.

Art. 3º. O Ministério Público elaborará sua proposta orçamentária dentro dos limites estabelecidos na Lei de Diretrizes Orçamentárias, encaminhando-a, por intermédio do Procurador-Geral de Justiça, diretamente ao Governador do Estado para inclusão no projeto de lei orçamentária a ser submetido ao Poder Legislativo.

§ 1º. Os recursos correspondentes às suas dotações orçamentárias próprias e globais, compreendidos os créditos suplementares e especiais, ser-lhe-ão postos à disposição em duodécimos, até o dia 20 (vinte) de cada mês, sem vinculação a qualquer tipo de despesa, em cotas estabelecidas na programação financeira, com participação percentual nunca inferior à estabelecida pelo Poder Executivo para seus próprios órgãos.

§ 2º. Os recursos próprios, não originários do Tesouro Estadual, serão utilizados em programas vinculados aos fins da instituição, vedada outra destinação.

§ 3º. A fiscalização contábil, financeira, orçamentária, operacional e patrimonial do Ministério Público, quanto à legalidade, legitimidade, economicidade, aplicação de dotações e recursos próprios e renúncia de receitas, será exercida, mediante controle externo, pelo Poder Legislativo e, mediante controle interno, pela Diretoria Técnica de Fiscalização e Controle da Execução Orçamentária, organizada e estruturada por ato do Procurador-Geral de Justiça.

TÍTULO II
DA ORGANIZAÇÃO DO MINISTÉRIO PÚBLICO

Capítulo I – Da Estrutura do Ministério Público

Seção I – Dos Órgãos do Ministério Público

Art. 4º. O Ministério Público compreende:

I – órgãos de Administração Superior;

II – órgãos de Administração;

III – órgãos de Execução;

IV – órgãos Auxiliares.

Seção II – Dos Órgãos de Administração Superior

Art. 5º. São órgãos da Administração Superior do Ministério Público:

I – a Procuradoria-Geral de Justiça;

II – o Colégio de Procuradores de Justiça;

III – o Conselho Superior do Ministério Público;

IV – a Corregedoria-Geral do Ministério Público.

Seção III – Dos Órgãos de Administração

Art. 6º. São órgãos de Administração do Ministério Público:

I – as Procuradorias de Justiça;

II – as Promotorias de Justiça.

Seção IV – Dos Órgãos de Execução

Art. 7º. São órgãos de execução do Ministério Público:

I – o Procurador-Geral de Justiça;

II – o Colégio de Procuradores de Justiça;

III – o Conselho Superior do Ministério Público;

IV – os Procuradores de Justiça;

V – os Promotores de Justiça.

Seção V – Dos Órgãos Auxiliares

Art. 8º. São órgãos auxiliares do Ministério Público:

I – os Centros de Apoio Operacional;

II – a Comissão de Concurso;

III – o Centro de Estudos e Aperfeiçoamento Funcional;

IV – os órgãos de apoio técnico e administrativo;

V – os Estagiários;

VI – Comissão Processante Permanente.

- *Inciso VI acrescido pela Lei Complementar nº 1.147, de 6.9.2011.*

Capítulo II – Dos Órgãos de Administração Superior

Seção I – Da Procuradoria-Geral de Justiça

Subseção I – Das Disposições Gerais

Art. 9º. A Procuradoria-Geral de Justiça, órgão executivo da Administração Superior do Ministério Público, tem por Chefe o Procurador-Geral de Justiça.

§ 1º. Poderão ser instituídas na Procuradoria-Geral de Justiça até 4 (quatro) Subprocuradorias-Gerais de Justiça, a serem chefiadas por Subprocuradores-Gerais designados na forma do art. 20.

- *§ 1º, primitivo Parágrafo único, renumerado pela Lei Complementar nº 1.083, de 17.12.2008.*

§ 2º. O Procurador-Geral de Justiça será substituído:

1 – em suas faltas, férias, licenças e afastamentos, a qualquer título, por período não superior a 15 (quinze) dias, pelo Subprocurador-Geral de Justiça que indicar;

2 – nos casos de impedimentos, vacância ou afastamento por período superior a 15 (quinze) dias, pelo membro do Conselho Superior do Ministério Público mais antigo na segunda instância.

- *§ 2º acrescido pela Lei Complementar nº 1.083, de 17.12.2008.*

§ 3º. Das decisões dos Subprocuradores-Gerais de Justiça caberão recursos, no prazo de 3 (três) dias, ao Procurador-Geral de Justiça.

- *§ 3º acrescido pela Lei Complementar nº 1.083, de 17.12.2008.*

Subseção II
Da Escolha, Nomeação e Posse do Procurador-Geral de Justiça

Art. 10. O Procurador-Geral de Justiça será nomeado pelo Chefe do Poder Executivo, dentre os Procuradores de Justiça integrantes de lista tríplice elaborada na forma desta Lei Complementar, para mandato de dois anos, permitida uma recondução, observado o mesmo procedimento.

§ 1º. Os integrantes da lista tríplice a que se refere este artigo serão os Procuradores de Justiça mais votados em eleição realizada para essa finalidade, mediante voto obrigatório, secreto e plurinominal de todos os membros do Ministério Público do quadro ativo da carreira.

§ 2º.Com antecedência de pelo menos 50 (cinquenta) dias, contados da data de expiração do mandato do Procurador-Geral de Justiça, o Conselho Superior do Ministério Público baixará normas de regulamentação do processo eleitoral, observadas as seguintes regras:

- *§ 2º, caput, com redação dada pela Lei Complementar nº 945, de 8.7.2003.*
- *Ver art. 217, IV desta Lei Orgânica.*

I – a votação realizar-se-á na sede da Procuradoria Geral de Justiça e nas sedes de áreas regionais administrativas do Ministério Público no sábado que anteceder a data prevista para o término do mandato do Procurador-Geral de Justiça;

- *Inciso I com redação dada pela Lei Complementar nº 945, de 8.7.2003.*

I-A – coincidindo a data prevista no inciso I deste parágrafo com feriado ou dia de ponto facultativo declarado antes de estabelecido o calendário eleitoral, a votação será realizada na quinta-feira imediatamente anterior que não tenha esses impedimentos;

- *Inciso I-A acrescido pela Lei Complementar nº 945, de 8.7.2003.*

II – o voto é pessoal, direto e secreto, sendo proibido exercê-lo por procurador, portador ou via postal;

- *Inciso II com redação dada pela Lei Complementar nº 945, de 8.7.2003.*

III – encerrada a votação, proceder-se-á, em seguida, à apuração, a ser realizada na sede da Procuradoria-Geral de Justiça tão logo sejam recebidas todas as urnas provenientes do interior, providenciando-se, preliminarmente, a reunião da totalidade das cédulas em uma única urna, de modo a impossibilitar a identificação da origem do voto;

- *Inciso III com redação dada pela Lei Complementar nº 945, de 8.7.2003.*

III-A – para atender ao disposto no inciso III deste parágrafo, poderá ser estabelecido período diferenciado de votação, nunca inferior a 5 (cinco) horas, de acordo com as peculiaridades de cada área regional administrativa, considerando-se, especialmente, o número de eleitores e a distância da Capital;

- *Inciso III-A acrescido pela Lei Complementar nº 945, de 8.7.2003.*

III-B – desde que observados os princípios estabelecidos neste parágrafo, a votação poderá ser realizada por sistema eletrônico, através da utilização de urnas eletrônicas;

- *Inciso III-B acrescido pela Lei Complementar nº 945, de 8.7.2003.*

III-C – proclamado o resultado, a lista tríplice será remetida ao Governador do Estado no mesmo dia ou, se o adiantado da hora não o permitir, até o final do expediente do primeiro dia útil que se seguir ao da apuração;

- *Inciso III-C acrescido pela Lei Complementar nº 945, de 8.7.2003.*

IV – é obrigatória a desincompatibilização, mediante afastamento, pelo menos 30 (trinta) dias antes da data de votação, para os Procuradores de Justiça que, estando na carreira:

a) ocuparem cargo na Administração Superior do Ministério Público;

b) ocuparem cargo eletivo nos Órgãos de Administração do Ministério Público;

c) estejam afastados das funções de execução normais de seus cargos;

d) ocuparem cargo ou função de confiança;

- *Inciso IV e alíneas com redação dada pela Lei Complementar nº 945, de 8.7.2003.*

V – são inelegíveis os membros do Ministério Público afastados da carreira, salvo se reassumirem suas funções no Ministério Público até 180 (cento e oitenta) dias da data prevista para o término do mandato do Procurador-Geral de Justiça;

VI – na hipótese do afastamento previsto no art. 217, inciso IV, desta Lei Complementar, o prazo a que se refere o inciso anterior será de 30 (trinta) dias;

VII – somente poderão concorrer à eleição os Procuradores de Justiça que se inscreverem como candidatos ao cargo, mediante requerimento dirigido ao Presidente do Conselho Superior do Ministério Público no prazo de 3 (três) dias úteis imediatamente posteriores ao término do prazo previsto para as desincompatibilizações.

§ 3º. Publicadas as normas regulamentadoras referidas no parágrafo anterior, o processo eleitoral prosseguirá até seu término, ainda que sobrevenha a vacância do cargo de Procurador-Geral de Justiça.

§ 4º. Caso o Chefe do Poder Executivo não efetive a nomeação do Procurador-Geral de Justiça, nos quinze dias que se seguirem ao recebimento da lista tríplice, será investido automaticamente no cargo o membro do Ministério Público mais votado, para exercício do mandato.

Art. 11. Vagando o cargo de Procurador-Geral de Justiça antes da publicação das normas regulamentadoras do processo eleitoral, referidas no § 2º do artigo anterior, o Conselho Superior do Ministério Público terá 5 (cinco) dias contados do evento para publicá-las, observadas as seguintes regras:

I – o prazo para as desincompatibilizações, a que se refere o inciso IV, do § 2º, do artigo anterior, será de 3 (três) dias úteis contados da primeira publicação, dentro do qual os candidatos deverão fazer a inscrição referida no inciso VII, § 2º, do artigo anterior;

II – na hipótese do afastamento previsto no art. 217, inciso IV, desta Lei Complementar, observar-se-á o mesmo prazo previsto no inciso anterior;

III – a votação será realizada na segunda quinta-feira subsequente ao encerramento do prazo previsto no inciso I deste artigo, ou, se essa data coincidir com feriado ou dia de ponto facultativo declarado antes de estabelecido o calendário eleitoral, na quinta-feira seguinte que não tenha esses impedimentos.

- *Inciso III com redação dada pela Lei Complementar nº 945, de 8.7.2003.*

Parágrafo único. Ao processo eleitoral previsto neste artigo aplicam-se, no que lhe for compatível, as regras do artigo anterior.

Art. 12. O Procurador-Geral de Justiça tomará posse e entrará em exercício em sessão solene do Órgão Especial do Colégio de Procuradores de Justiça, dentro de 5 (cinco) dias contados de sua nomeação ou do exaurimento do prazo referido no § 4º, do art. 10, desta Lei Complementar.

- *Ver art. 10, § 4º desta Lei Orgânica.*

Parágrafo único. O Procurador-Geral de Justiça fará declaração pública de bens no ato da posse e no término do mandato.

Subseção III – Da Destituição do Procurador-Geral de Justiça

Art. 13. A destituição do Procurador-Geral de Justiça, terá cabimento em caso de abuso de poder, conduta incompatível ou grave omissão nos deveres do cargo.

Art. 14. A destituição do Procurador-Geral de Justiça por iniciativa da Assembleia Legislativa, por 1/3 (um terço) de seus membros, será disiciplinada na forma do seu Regimento Interno.

- *Artigo inicialmente vetado pelo Governador, sendo que o veto foi derrubado pela Assembleia Legislativa, publicada no DOE de 26.2.1994.*

Art. 15. A proposta de destituição do Procurador-Geral de Justiça, por iniciativa da maioria absoluta do Colégio de Procuradores de Justiça, formulada por escrito, dependerá da aprovação de dois terços de seus integrantes, mediante voto secreto, assegurada ampla defesa.

§ 1º. Recebida a proposta pelo Secretário do Colégio de Procuradores de Justiça, este, no prazo de 48 (quarenta e oito) horas, dela cientificará, pessoalmente, o Procurador-Geral de Justiça, fazendo-lhe a entrega de cópia integral do requerimento.

§ 2º. No prazo de 10 (dez) dias, contados da ciência da proposta, o Procurador-Geral de Justiça poderá oferecer contestação e requerer a produção de provas.

§ 3º. Encerrada a instrução, será marcada, no prazo de 5 (cinco) dias, reunião para julgamento, facultando-se ao Procurador-Geral de Justiça fazer sustentação oral, finda a qual, o Presidente do Colégio procederá à colheita dos votos.

§ 4º. O processo será presidido pelo Procurador de Justiça mais antigo na segunda instância, em exercício.

§ 5º. A proposta de destituição, se aprovada, será encaminhada, juntamente com os autos respectivos, à Assembleia Legislativa no prazo de 48 (quarenta e oito) horas ou, se rejeitada, será arquivada.

Art. 16. Aprovada a proposta de destituição pelo Colégio de Procuradores de Justiça, o Procurador-Geral de Justiça será afastado provisoriamente do cargo e substituído na forma desta Lei Complementar até ultimação do processo.

Parágrafo único. Cessará o afastamento previsto neste artigo se o processo de destituição, na Assembleia Legislativa, não for concluído em 90 (noventa) dias a contar da data da comunicação da proposta aprovada pelo Colégio de Procuradores de Justiça.

Art. 17. A destituição do Procurador-Geral de Justiça dependerá da deliberação, mediante voto secreto, da maioria absoluta dos membros da Assembleia Legislativa, nos termos do seu Regimento Interno.

Art. 18. Aprovada a destituição, o Colégio de Procuradores de Justiça, diante da comunicação da Assembleia Legislativa, declarará vago o cargo de Procurador-Geral de Justiça e cientificará imediatamente o Conselho Superior do Ministério Público.

Parágrafo único. Caso não tenha baixado as normas regulamentadoras para elaboração da lista tríplice de acordo com o art. 10 desta Lei Complementar, o Conselho Superior do Ministério Público as expedirá no prazo do art. 11, procedendo-se, em qualquer caso, na forma estabelecida na Subseção II deste Capítulo.

Subseção IV
Das Atribuições Administrativas do Procurador-Geral de Justiça

Art. 19. Compete ao Procurador-Geral de Justiça praticar, em nome do Ministério Público, todos os atos próprios de gestão, editando os atos decorrentes de sua autonomia funcional, administrativa e financeira, e especialmente:

I – quanto à representação interna:

a) integrar, como membro nato, e presidir o Colégio de Procuradores de Justiça, o Conselho Superior do Ministério Público e a Comissão de Concurso;

b) submeter ao Colégio de Procuradores de Justiça a proposta de:

1. orçamento anual do Ministério Público;

2. criação e extinção de cargos da carreira do Ministério Público e de seus serviços auxiliares, bem como a de fixação e reajuste dos respectivos vencimentos;

- *Vide art. 2º da Lei Complementar nº 1.083, de 17.12.2008.*

3. realização de concurso de ingresso na carreira;

c) delegar suas funções administrativas;

d) expedir recomendações, sem caráter normativo, aos órgãos do Ministério Público para o desempenho de suas funções;

II – quanto à representação externa da Instituição:

a) exercer a representação geral do Ministério Público, judicial e extrajudicialmente, na forma da lei;

b) tratar diretamente com os Poderes do Estado dos assuntos de interesse do Ministério Público;

c) encaminhar ao Governador a proposta orçamentária do Ministério Público para inclusão no projeto de lei orçamentária a ser submetido ao Poder Legislativo;

d) comparecer perante a Assembleia Legislativa ou suas comissões, espontaneamente ou quando regularmente convocado, em dia e hora ajustados com antecedência, para prestar informações sobre assuntos previamente determinados, no prazo de 30 (trinta) dias, sujeitando-se às penas da lei na ausência sem justificativa;

e) prestar informações à Assembleia Legislativa sobre assunto relacionado com o Ministério Público, importando crime de responsabilidade não só a recusa ou não atendimento, no prazo de 30 (trinta) dias, senão também o fornecimento de informações falsas;

f) encaminhar aos Presidentes dos Tribunais as listas sêxtuplas a que se referem os arts. 94, *caput*, e 104, parágrafo único, II, da Constituição Federal;

- ***Constituição Federal:***

Art. 94. Um quinto dos lugares dos Tribunais Regionais Federais, dos Tribunais dos Estados, e do Distrito Federal e Territórios será composto de membros do Ministério Público, com mais de dez anos de carreira, e de advogados de notório saber jurídico e de reputação ilibada, com mais de dez anos de efetiva atividade profissional, indicados em lista sêxtupla pelos órgãos de representação das respectivas classes. (...)

Art. 104. O Superior Tribunal de Justiça compõe-se de, no mínimo, trinta e três Ministros.

Parágrafo único. Os Ministros do Superior Tribunal de Justiça serão nomeados pelo Presidente da República, dentre brasileiros com mais de trinta e cinco e menos de sessenta e cinco anos, de notável saber jurídico e reputação ilibada, depois de aprovada a escolha pela maioria absoluta do Senado Federal, sendo: (...)

- ***Caput* do Parágrafo único com redação dada pela Emenda Constitucional nº 45, de 8.12.2004.**

II – um terço, em partes iguais, dentre advogados e membros do Ministério Público Federal, Estadual, do Distrito Federal e Territórios, alternadamente, indicados na forma do art. 94.

g) providenciar, observada a legislação em vigor, a instrução dos expedientes relativos a requerimentos e indicações sobre matéria pertinente ao Ministério Público, de interesse da Assembleia Legislativa;

h) firmar convênios de interesse do Ministério Público;

III – designar membros do Ministério Público para:

a) exercer as atribuições de dirigente dos Centros de Apoio Operacional;

b) ocupar cargo de confiança junto aos órgãos da Administração Superior;

c) integrar organismos estatais afetos a sua área de atuação, observado o disposto no art. 36, inciso XVII, desta Lei Complementar;

d) oferecer denúncia ou propor ação civil pública nas hipóteses de não confirmação de arquivamento de inquérito policial ou civil, bem como de quaisquer peças de informação;

e) acompanhar inquérito policial ou diligência investigatória, devendo recair a escolha sobre o membro do Ministério Público com atribuição para, em tese, oficiar no feito, segundo as regras ordinárias de distribuição de serviços;

f) assegurar a continuidade dos serviços, em caso de vacância, afastamento temporário, ausência, impedimento ou suspeição de titular de cargo, ou com consentimento deste;

g) por ato excepcional e fundamentado, exercer as funções processuais afetas a outro membro da Instituição, após prévia autorização do Conselho Superior do Ministério Público;

h) oficiar em feito determinado, desde que haja concordância do Promotor de Justiça com atribuição para tanto;

i) oficiar perante a Justiça Eleitoral de primeira instância, ou junto ao Procurador Regional Eleitoral, quando por este solicitado;

j) oficiar perante a Justiça do Trabalho nas Comarcas em que não houver Junta de Conciliação e Julgamento;

IV – quanto à iniciativa de leis, propor à Assembleia Legislativa:

a) a criação, a extinção, a modificação ou a organização de cargos do Ministério Público e dos serviços auxiliares, bem como de funções-atividades;

b) a fixação e reajustes dos vencimentos dos cargos do Ministério Público e dos serviços auxiliares;

c) a organização, as atribuições e o estatuto do Ministério Público, por meio de lei complementar à Constituição;

V – quanto à administração de pessoal:

a) prover os cargos iniciais de carreira e dos serviços auxiliares, bem como nos casos de promoção, remoção e demais formas de provimento derivado, e ainda dar posse e exercício aos membros e servidores do Ministério Público;

b) nomear ou exonerar os ocupantes dos cargos em comissão;

c) conceder e decidir sobre aposentadoria voluntária ou compulsória, por invalidez ou por idade, ou exonerar, a pedido, titular de cargo, bem como editar atos de disponibilidade de membros e servidores do Ministério Público ou quaisquer outros que importem em vacância de cargos da carreira ou dos serviços auxiliares;

d) praticar atos e decidir sobre a situação funcional do pessoal ativo e inativo da carreira e dos serviços auxiliares, organizados em quadros próprios, bem como homologar o processo de promoção dos servidores;

e) efetuar a contratação de pessoal especializado, nas hipóteses legais, fixando retribuição tendente à compatibilização com o mercado de trabalho;

f) homologar os resultados de concursos públicos e processos seletivos executados pelo Ministério Público;

g) solicitar a transferência de cargos e funções-atividades de outros órgãos para o Ministério Público, observadas as restrições legais;

h) apreciar os pedidos de transferência de cargos e funções-atividades para outros órgãos;

i) admitir ou autorizar a admissão de servidores, bem como dispensá-los, nos termos da legislação pertinente;

j) aprovar a indicação ou designar funcionários ou servidores para responder pelo expediente das unidades subordinadas, bem como de substitutos de cargos, funções-atividades ou funções de serviço público de direção, chefia ou encarregatura;

l) designar funcionário ou servidor:

1. para exercício de substituição remunerada;

2. para funções de Oficial de Diligência de Promotoria, Agente de Diligência de Promotoria, encarregatura, chefia e direção a serem retribuídas mediante *pro labore*, nos termos da legislação vigente;

3. designar funcionário ou servidor para prestar serviços fora da sede;

m) atribuir a gratificação mencionada no item 2, da alínea anterior, observada a legislação pertinente;

n) requisitar passagens, inclusive aéreas, para membros do Ministério Público e para funcionários ou servidores no desempenho de suas atribuições, de acordo com a legislação pertinente;

o) fixar e atribuir gratificações a título de representação pelo exercício das funções de Corregedor-Geral do Ministério Público, de Subprocurador-Geral de Justiça, de Chefe de Gabinete da Procuradoria-Geral de Justiça, de Diretor-Geral do Ministério Público, de Coordenador de Centro de Apoio Operacional, de Assessor do Gabinete do Procurador de Justiça, de Assessor do Corregedor-Geral do Ministério Público, de Diretor Regional do Ministério Público e de integrante de Grupos Especiais de Trabalho, as quais serão escalonadas a partir da gratificação de representação do Procurador-Geral de Justiça, que não poderá superar aquela concedida aos Secretários de Estado, observada a legislação pertinente.

- ***Alínea "o" com redação dada pela Lei Complementar nº 1.155, de 26.10.2011.***

p) fixar e atribuir gratificação a título de representação a funcionários e servidores à disposição do Gabinete do Procurador-Geral de Justiça, observado o disposto na alínea anterior;

q) conceder:

1. afastamento aos membros, funcionários e servidores do Ministério Público, observado o disposto na legislação pertinente;

2. férias, adicional por tempo de serviço, sexta-parte, salário-família e demais vantagens pecuniárias aos membros, funcionários e servidores do Ministério Público;

3. ajuda de custo para despesa de transporte e mudança, auxílio-moradia, gratificação pelo efetivo exercício em Comarca de difícil provimento, gratificação pelo exercício cumulativo de cargos ou funções e ajuda de custo, de natureza indenizatória, por aquisição de obras jurídicas e outros insumos indispensáveis ao exercício das funções pelos membros do Ministério Público;

- ***Item 3 com redação dada Lei Complementar nº 1.083, de 17.12.2008.***

4. licença-prêmio ou autorizar a correspondente indenização quando indeferida por necessidade do serviço;

5. licença a funcionária casada com funcionário ou militar que for mandado servir, independente de solicitação, em outro ponto do Estado ou do território nacional ou estrangeiro;

6. licença saúde, licença por motivo de doença de pessoa da família, licença gestante, licença paternidade, licença em caráter especial, licença para casamento, licença por luto, licença adoção e outros casos previstos na legislação aplicável, aos membros, funcionários e servidores do Ministério Público, na forma da lei;

r) conceder e arbitrar ajuda de custo a funcionários e servidores que, no interesse do serviço, passarem a ter exercício em nova sede, em território do Estado, ou que forem incumbidos de serviços que os obriguem a permanecer fora da sede por mais de 30 (trinta) dias;

s) autorizar o pagamento de transportes e diárias a membros, funcionários e servidores do Ministério Público;

t) determinar, em procedimento administrativo, as medidas necessárias à verificação da incapacidade física ou mental dos membros, funcionários e servidores do Ministério Público, assegurada a ampla defesa do interessado;

u) considerar afastado o funcionário ou servidor para:

1. concorrer a mandato legislativo ou executivo federal, estadual ou municipal, ou cumpri-lo, nos termos e limites previstos na legislação pertinente;

2. exercer as demais atividades político-partidárias permitidas em lei;

3. atender as requisições das autoridades eleitorais competentes;

v) deferir a averbação de tempo de serviço anterior, público ou particular;

x) fazer publicar, anualmente, no "Diário Oficial":

1. até 31 de dezembro, a tabela de substituições dos membros do Ministério Público, observados os critérios de proximidade e de facilidade de acesso;

2. até 31 de janeiro, o Quadro do Ministério Público e o dos seus funcionários e servidores, observada a ordem de antiguidade;

3. até 30 de abril, o Quadro de cargos e funções do Ministério Público e de seus funcionários e servidores, preenchidos e vagos, referentes ao exercício anterior, sem prejuízo do disposto no item anterior;

z) designar os Estagiários do Ministério Público, bem como exonerá-los ou demiti-los, na forma desta Lei Complementar;

VI – quanto à matéria disciplinar:

a) impor as sanções disciplinares aos membros do Ministério Público, nos termos desta Lei Complementar;

- *Alínea "a" com redação dada pela Lei Complementar nº 1.147, de 6.9.2011.*

b) prorrogar, até 90 (noventa) dias, a suspensão preventiva de funcionário ou servidor;

c) determinar a instauração de processo administrativo ou de sindicância;

d) aplicar pena de demissão, repreensão e suspensão, até 90 (noventa) dias, a funcionário ou servidor, bem como converter em multa a suspensão aplicada;

VII – quanto às obras, serviços, compras, locações e concessões, determinar:

a) a realização de licitação, obedecidos os princípios legais pertinentes;

b) a organização e manutenção de cadastro de contratantes, indicativos de sua capacidade financeira e operacional, bem assim de sua atuação relativamente ao Ministério Público;

c) a aquisição de bens e serviços, providenciada a devida contabilização;

VIII – quanto à administração financeira e orçamentária:

a) elaborar proposta de orçamento de custeio e investimento, bem como de programação financeira, consoante normas legais aplicáveis, submetendo-as à apreciação do Colégio de Procuradores de Justiça;

b) adotar medidas contábeis e de apuração de custos, de forma a permitir a análise da situação econômica, financeira e operacional do Ministério Público, em seus vários setores, bem assim a formulação de programas de atividades e de seus desdobramentos;

c) dispor sobre a aplicação e a execução do orçamento anual;

d) aprovar as propostas orçamentárias elaboradas por unidade orçamentária ou de despesa;

e) autorizar a distribuição de recursos orçamentários para as unidades de despesa;

f) baixar, no âmbito do Ministério Público, normas relativas à administração financeira e orçamentária, de acordo com as normas legais pertinentes;

g) manter contato com os órgãos centrais de administração financeira e orçamentária;

h) exercer atos próprios de gestão dos fundos e recursos próprios, não originários do Tesouro Estadual;

i) autorizar adiantamento;

j) autorizar liberação, restituição ou substituição de caução geral e de fiança, quando dadas em garantia de execução de contrato;

IX – quanto à administração de material e patrimônio:

a) expedir normas para aplicação das multas de acordo com a legislação vigente;

b) autorizar:

1. a transferência de bens móveis, inclusive para outras unidades da Administração;

2. o recebimento de doações de bens móveis, sem encargo;

3. a locação de imóveis;

c) decidir sobre assuntos referentes a licitações, podendo:

1. autorizar sua abertura ou dispensa;

2. designar a comissão julgadora;

3. exigir, quando julgar conveniente, a prestação de garantia;

4. homologar a adjudicação;

5. anular ou revogar a licitação e decidir os recursos;

6. autorizar a substituição, a liberação e a restituição de garantia;

7. autorizar a alteração de contrato, inclusive a prorrogação de prazo;

8. designar funcionário, servidor ou comissão para recebimento do objeto de contrato;

9. autorizar a rescisão administrativa ou amigável do contrato;

10. aplicar penalidades legais ou contratuais;

d) decidir sobre a utilização de próprios do Estado destinados ao Ministério Público, bem como autorizar, fundamentadamente, a alteração de destinação das salas, gabinetes e locais de trabalho do Ministério Público em qualquer edifício, ouvido o representante do Ministério Público interessado;

e) autorizar, por ato específico, as autoridades que lhe são subordinadas a requisitar transporte de material ou de pessoas por conta do Estado;

X – quanto à organização dos serviços administrativos da Instituição:

a) expedir atos para instituir e organizar os serviços auxiliares de apoio técnico e administrativo, fixando as respectivas competências;

b) designar os membros da Comissão Processante Permanente e do Colegiado do Grupo de Planejamento Setorial;

c) criar comissões não permanentes e grupos de trabalho;

d) coordenar, orientar e acompanhar as atividades técnicas e administrativas das unidades subordinadas;

e) baixar normas de funcionamento das unidades subordinadas, fixando-lhes as áreas de atuação;

f) aprovar o programa de trabalho das unidades subordinadas e as alterações que se fizerem necessárias;

g) expedir as determinações necessárias para a manutenção da regularidade dos serviços;

h) superintender os serviços administrativos, nos termos da lei ordinária;

i) aprovar as propostas de modernização administrativa encaminhadas pela Diretoria Geral;

XI – quanto à Administração dos Transportes Internos Motorizados:

a) fixar ou alterar o programa anual de renovação das frotas;

b) criar, extinguir, instalar ou fundir postos e oficinas;

c) baixar normas para as frotas, oficinas e garagens;

XII – quanto às competências residuais:

a) administrar e responder pela execução das atividades do Ministério Público;

b) decidir sobre pedidos formulados em grau de recurso, inclusive contra decisões dos Subprocuradores-Gerais de Justiça;

- *Alínea "b" com redação dada pela Lei Complementar nº 1.083, de 17.12.2008.*

c) expedir atos e instruções para a boa execução das Constituições Federal e Estadual, das leis e regulamentos no âmbito do Ministério Público;

d) decidir sobre as proposições encaminhadas pelos dirigentes dos órgãos subordinados;

e) praticar todo e qualquer ato ou exercer quaisquer das atribuições ou competências dos órgãos, funcionários ou servidores subordinados;

f) avocar, de modo geral ou em casos especiais, as atribuições ou competências dos órgãos, funcionários ou servidores subordinados;

g) autorizar entrevistas de funcionários e servidores do Ministério Público à imprensa em geral sobre assuntos da sua área de atuação;

h) designar os membros do seu Gabinete e distribuir os serviços entre eles;

i) fazer publicar, mensalmente, até o dia 15 (quinze) do mês subsequente, as estatísticas previstas nesta Lei Complementar;

j) executar os encargos da Administração Superior;

l) determinar as implantações de vencimentos, decorrentes do sistema remuneratório dos membros do Ministério Público, da ativa ou inativos, e dos seus funcionários e servidores, fazendo elaborar a respectiva folha de pagamento;

m) (revogada);

- ***Alínea "m" revogada pela Lei Complementar nº 981, de 21.12.2005.***

n) delegar por ato expresso, qualquer competência administrativa que, por força de lei, não lhe seja privativa;

o) exercer as demais competências concernentes à administração financeira, orçamentária, patrimonial e de pessoal;

p) exercer outras competências necessárias ao desempenho de seu cargo.

Parágrafo único. Feitas as designações referidas no inciso III, alíneas "i" e "j", deste artigo, o Procurador-Geral de Justiça encaminhará os respectivos expedientes e portarias às autoridades competentes da Justiça Eleitoral e da Justiça do Trabalho para os fins de pagamento a que aludem os incisos VI e VII do art. 50 da Lei nº 8.625, de 12 de fevereiro de 1993.

- ***Lei nº 8.625, de 12 de fevereiro de 1993 – Institui a Lei Orgânica Nacional do Ministério Público, dispõe sobre normas gerais para a organização do Ministério Público dos Estados:***

__Art. 50.__ Além dos vencimentos, poderão ser outorgadas, a membro do Ministério Público, nos termos da lei, as seguintes vantagens: (...)

VI – gratificação pela prestação de serviço à Justiça Eleitoral, equivalente àquela devida ao Magistrado ante o qual oficiar;

VII – gratificação pela prestação de serviço à Justiça do Trabalho, nas Comarcas em que não haja Junta de Conciliação e Julgamento; (...)

Art. 20. O Procurador-Geral de Justiça designará os Subprocuradores-Gerais de Justiça com funções de substituição e auxílio, a serem definidas em ato específico, dentre os Procuradores de Justiça.

- ***Art. 20, caput, com redação dada Lei Complementar nº 1.083, de 17.12.2008.***

Parágrafo único. A Chefia de Gabinete da Procuradoria-Geral de Justiça e as demais funções de confiança do Gabinete serão exercidas por membro do Ministério Público com, no mínimo, 10 (dez) anos de carreira, designados por ato do Procurador-Geral de Justiça.

- ***Parágrafo único com redação dada pela Lei Complementar nº 1.083, de 17.12.2008.***

Seção II – Do Colégio de Procuradores de Justiça

Art. 21. O Colégio de Procuradores de Justiça, órgão da Administração Superior e de Execução do Ministério Público, é integrado por todos os Procuradores de Justiça em exercício e presidido pelo Procurador-Geral de Justiça.

Art. 22. Compete ao Colégio de Procuradores de Justiça:

I – opinar, por solicitação do Procurador-Geral de Justiça ou de um quarto de seus integrantes, sobre matéria relativa à autonomia do Ministério Público, bem como sobre outras de interesse institucional;

II – propor ao Poder Legislativo a destituição do Procurador-Geral de Justiça, na forma prevista nos arts. 13 e 15, desta Lei Complementar;

III – eleger e destituir o Corregedor-Geral e o Vice-Corregedor-Geral do Ministério Público, na forma do art. 38 desta Lei Complementar;

- *Inciso III com redação dada pela Lei Complementar nº 1.147, de 6.9.2011.*

IV – eleger, através de voto plurinominal, os Procuradores de Justiça para integrar o Órgão Especial do Colégio de Procuradores de Justiça, nos termos do art. 24, desta Lei Complementar;

V – eleger, através de voto plurinominal, dentre os integrantes do Órgão Especial do Colégio de Procuradores de Justiça, 3 (três) dos membros do Conselho Superior do Ministério Público;

VI – aprovar, mediante proposta do Procurador-Geral de Justiça, ou da maioria de seus membros, medidas a propósito de matéria, direitos ou questão de estrito interesse do Ministério Público;

VII – propor ao Procurador-Geral de Justiça a criação de cargos e serviços auxiliares, modificações na Lei Orgânica e providências relacionadas ao desempenho das funções institucionais;

VIII – aprovar a proposta orçamentária anual do Ministério Público, elaborada pelo Procurador-Geral de Justiça, bem como os projetos de criação e extinção de cargos e serviços auxiliares e os relativos à fixação e reajuste dos respectivos vencimentos;

IX – recomendar ao Corregedor-Geral do Ministério Público a instauração de procedimento administrativo disciplinar contra membro do Ministério Público e a realização de correições extraordinárias;

X – julgar recurso contra decisão:

a) de vitaliciamento, ou não, de membro do Ministério Público;

b) extintiva, absolutória ou condenatória, em processo administrativo disciplinar;

- *Alínea "b" com redação dada pela Lei Complementar nº 1.147, de 6.9.2011.*

c) proferida em reclamação sobre o quadro geral de antiguidade;

d) de procedência ou improcedência de representação para disponibilidade ou remoção compulsória de membro do Ministério Público;

- *Alínea "d" com redação dada pela Lei Complementar nº 1.147, de 6.9.2011.*

e) de recusa na indicação por antiguidade feita pelo Conselho Superior do Ministério Público;

XI – decidir sobre pedido de revisão de processo administrativo disciplinar;

XII – deliberar, por iniciativa de um quarto de seus integrantes ou do Procurador-Geral de Justiça, que este ajuíze ação civil de decretação de perda do cargo e de cassação de aposentadoria ou de disponibilidade de membro vitalício do Ministério Público nos casos previstos nesta Lei Complementar;

XIII – sugerir ao Procurador-Geral de Justiça ou ao Corregedor-Geral do Ministério Público, por iniciativa da maioria simples de seus membros, providências ou medidas relativas ao aperfeiçoamento e aos interesses da Instituição, bem como para promover, com maior eficácia, a defesa de interesses sociais e individuais indisponíveis;

XIV – dar posse, em sessão solene, ao Procurador-Geral de Justiça, ao Corregedor-Geral do Ministério Público e aos membros do Conselho Superior do Ministério Público;

XV – elaborar o regulamento e as normas de concurso de ingresso à carreira do Ministério Público, bem como do quadro de estagiários;

XVI – estabelecer normas sobre a composição, organização e funcionamento das Procuradorias de Justiça;

XVII – fixar critérios objetivos para a distribuição equitativa dos processos, sempre por sorteio, entre os Procuradores de Justiça que integram as Procuradorias de Justiça, observadas as regras de proporcionalidade, especialmente a alternância em função da natureza, volume e espécie dos feitos e desde que não sejam elas definidas consensualmente pelas próprias Procuradorias de Justiça;

XVIII – conceder férias, licenças e afastamentos ao Procurador-Geral de Justiça e ao Corregedor-Geral do Ministério Público;

XIX – deliberar sobre proposta do Procurador-Geral de Justiça referente à fixação de atribuições das Promotorias de Justiça e dos cargos dos Promotores de Justiça que as integram;

XX – deliberar, por maioria absoluta de seus membros, sobre proposta do Procurador-Geral de Justiça, que exclua, inclua ou modifique as atribuições das Promotorias de Justiça ou dos cargos dos Promotores de Justiça que as integram;

XXI – fixar o número de Promotores de Justiça para assessorar o Corregedor-Geral do Ministério Público, bem como deliberar, a pedido deste, sobre sua indicação, em caso de recusa do Procurador-Geral de Justiça em designá-los;

XXII – autorizar ou recomendar ao Corregedor-Geral do Ministério Público que realize inspeções nas Procuradorias de Justiça, apreciando os relatórios reservados resultantes e deliberando, se necessário, sobre as providências a serem tomadas;

XXIII – deliberar sobre a constituição de comissão especial de caráter transitório, prevista no inciso VII, do art. 42, desta Lei Complementar;

XXIV – aprovar a proposta de abertura de concurso de ingresso na carreira, fixando o número de cargos a serem providos;

XXV – eleger, dentre os Procuradores de Justiça inscritos, não integrantes do Órgão Especial nem do Conselho Superior do Ministério Público, aqueles que integrarão a Comissão Processante Permanente prevista no art. 96-A desta Lei Complementar;

- ***Inciso XXV com redação dada pela Lei Complementar nº 1.147, de 6.9.2011.***

XXVI – elaborar o regulamento do processo de eleição dos membros da Comissão Processante Permanente, prevista no art. 96-A desta Lei Complementar;

- ***Inciso XXVI com redação dada pela Lei Complementar nº 1.147, de 6.9.2011.***

XXVII – desempenhar outras atribuições que lhe forem conferidas por lei.

- *Inciso XXVII, primitivo Inciso XXV, renumerado pela Lei Complementar nº 1.147, de 6.9.2011.*

Art. 23. As atribuições do Colégio de Procuradores de Justiça serão exercidas por Órgão Especial composto por 42 (quarenta e dois) Procuradores de Justiça, integrado pelo Procurador-Geral de Justiça, pelo Corregedor-Geral do Ministério Público e pelos 20 (vinte) Procuradores de Justiça mais antigos da classe, como membros natos, e por 20 (vinte) Procuradores de Justiça eleitos por todos os Procuradores de Justiça, para mandato de 2 (dois) anos, vedada a recondução consecutiva.

- *Art. 23, caput, com redação dada pela Lei Complementar nº 1.155, de 26.10.2011.*

§ 1º. O disposto neste artigo não se aplica às hipóteses previstas nos incisos I, II, III, IV e XXV do art. 22, bem como a outras atribuições a serem deferidas à totalidade do Colégio de Procuradores de Justiça por esta Lei Complementar.

- *§ 1º com redação dada pela Lei Complementar nº 1.147, de 6.9.2011.*

§ 2º. Cabe ao Órgão Especial elaborar o Regimento Interno de seu funcionamento e do Colégio de Procuradores de Justiça.

Art. 24. Na composição do Órgão Especial serão observadas as seguintes regras:

§ 1º. A eleição dos membros do Órgão Especial dar-se-á por votação secreta, mediante voto plurinominal, presente a maioria absoluta dos membros do Colégio de Procuradores de Justiça, realizada nos 10 (dez) últimos dias de novembro dos anos ímpares.

§ 2º. Considerar-se-ão eleitos os vinte Procuradores de Justiça mais votados, observada, em caso de empate, a precedência conferida pela antiguidade na segunda instância; persistindo o empate, o mais antigo na carreira e, em caso de igualdade, o mais idoso.

§ 3º. Serão considerados suplentes dos membros eleitos os Procuradores de Justiça que se seguirem na ordem de votação, substituindo-os em seus afastamentos por mais de 30 (trinta) dias ou em caso de impedimento e sucedendo-os na vaga.

§ 4º. O mandato dos membros eleitos terá início no primeiro dia do mês de janeiro do ano seguinte.

§ 5º. Os vinte Procuradores de Justiça mais antigos, membros natos, serão substituídos nos impedimentos e sucedidos na vaga pelos que se lhes seguirem na ordem de antiguidade, respeitando-se, todavia, aqueles que por essa ordem já integrem o Órgão Especial na condição de membro eleito.

§ 6º. Os Procuradores de Justiça, membros natos ou eleitos, que vierem a assumir os cargos de Procurador-Geral de Justiça ou de Corregedor-Geral do Ministério Público passarão a integrar o Órgão Especial nessas qualidades e serão substituídos nos termos desta Lei Complementar.

§ 7º. São inelegíveis para o Órgão Especial os seus membros natos e os Procuradores de Justiça que estiverem afastados da carreira até 60 (sessenta) dias antes da data da eleição.

Art. 25. O Regimento Interno elaborado pelo Órgão Especial do Colégio de Procuradores de Justiça obedecerá as seguintes regras:

I – o Órgão Especial será secretariado por um Procurador de Justiça eleito por seus pares, dentre os vinte mais antigos, com mandato de dois anos, que exercerá, cumulativamente, as funções de Secretário do Colégio de Procuradores de Justiça;

II – o Órgão Especial do Colégio de Procuradores de Justiça poderá instituir comissões permanentes ou temporárias, de forma a preparar os assuntos a serem levados à consideração do Colegiado nas reuniões;

III – na composição das comissões deverá ser observada a participação dos membros natos e dos eleitos;

IV – o Órgão Especial do Colégio de Procuradores de Justiça reunir-se-á, ordinariamente, uma vez por mês, e, extraordinariamente, por convocação do Procurador-Geral de Justiça ou por proposta de 1/3 (um terço) de seus membros;

V – as reuniões previstas neste artigo deverão ser precedidas do encaminhamento da respectiva pauta dos assuntos do dia aos membros do Órgão Especial do Colégio de Procuradores de Justiça, com antecedência de cinco dias para as reuniões ordinárias e de vinte e quatro horas para as extraordinárias, ressalvados assuntos emergenciais que impossibilitem a devida inclusão, dependendo, o seu exame, neste caso, de ratificação do Colegiado;

VI – das reuniões ordinárias e extraordinárias serão lavradas atas circunstanciadas;

VII – o comparecimento dos Procuradores de Justiça às reuniões é obrigatório, acarretando, a ausência injustificada por mais de duas reuniões no ano, a exclusão do membro eleito e, em relação aos vinte mais antigos, a suspensão pelo período de um ano, assegurada ampla defesa;

VIII – durante as férias é facultado ao membro do Órgão Especial do Colégio de Procuradores de Justiça nele exercer suas atribuições, mediante prévia comunicação ao Presidente;

IX – as decisões do Colégio de Procuradores de Justiça e do Órgão Especial serão tomadas por maioria simples de votos, presente a maioria absoluta de seus membros, cabendo ao Presidente também o voto de desempate, ressalvadas as exceções previstas nesta Lei Complementar e na Lei Orgânica Nacional do Ministério Público;

- ***Lei nº 8.625, de 12 de fevereiro de 1993 – Institui a Lei Orgânica Nacional do Ministério Público, dispõe sobre normas gerais para a organização do Ministério Público dos Estados.***

X – as decisões do Colégio de Procuradores de Justiça serão motivadas e publicadas por extrato, salvo nas hipóteses legais de sigilo ou por deliberação da maioria de seus integrantes.

Seção III – Do Conselho Superior do Ministério Público

Art. 26. O Conselho Superior do Ministério Público, Órgão da Administração Superior e de Execução do Ministério Público, é integrado pelo Procurador-

Geral de Justiça, seu Presidente, pelo Corregedor-Geral do Ministério Público, ambos membros natos, e por mais 9 (nove) Procuradores de Justiça eleitos, por voto obrigatório, secreto e plurinominal, sendo 3 (três) pelo Órgão Especial do Colégio de Procuradores de Justiça e 6 (seis) pelos demais integrantes da carreira, para mandato de 2 (dois) anos, vedada a recondução consecutiva.

Art. 27. A eleição dos 6 (seis) membros do Conselho Superior do Ministério Público pelos integrantes da carreira, a que se refere o art. 26 desta Lei Complementar, será realizada no primeiro sábado do mês de dezembro dos anos ímpares.

- *Art. 27, caput, com redação dada pela Lei Complementar nº 945, de 8.7.2003.*

I – (revogado);

- *Inciso I revogado pela Lei Complementar nº 945, de 8.7.2003.*

II – (revogado);

- *Inciso II revogado pela Lei Complementar nº 945, de 8.7.2003.*

III – (revogado);

- *Inciso III revogado pela Lei Complementar nº 945, de 8.7.2003.*

IV – (revogado).

- *Inciso IV revogado pela Lei Complementar nº 945, de 8.7.2003.*

§ 1º. Na hipótese da data prevista no *caput* deste artigo recair em feriado declarado antes de estabelecido o calendário eleitoral, a votação ocorrerá no sábado anterior àquele que não tenha tal impedimento.

- *§ 1º acrescido pela Lei Complementar nº 945, de 8.7.2003.*

§ 2º. A eleição reger-se-á pelas instruções baixadas pelo Procurador-Geral de Justiça na primeira quinzena do mês de outubro, observadas, no que couber, as normas contidas no § 2º do art. 10 desta Lei Complementar, podendo o eleitor votar em cada um dos elegíveis até o número de cargos postos em eleição.

- *§ 2º acrescido pela Lei Complementar nº 945, de 8.7.2003.*

Art. 28. O Órgão Especial do Colégio de Procuradores de Justiça realizará sessão extraordinária para eleição de 3 (três) de seus membros, para compor o Conselho Superior do Ministério Público, no dia útil imediato àquele previsto para a proclamação dos Conselheiros eleitos pelos demais membros da carreira.

Art. 29. Somente poderão concorrer às eleições referidas nos arts. 27 e 28, desta Lei Complementar, os Procuradores de Justiça em exercício que se inscreverem como candidatos ao cargo, mediante requerimento dirigido ao Procurador-Geral de Justiça, durante a segunda quinzena do mês de outubro do ano da eleição.

Art. 30. Os Procuradores de Justiça, que se seguirem aos eleitos nas respectivas votações, serão considerados seus suplentes.

Art. 31. Em caso de empate, será considerado eleito o mais antigo na segunda instância, persistindo o empate, o mais antigo na carreira e, em caso de igualdade, o mais idoso.

Art. 32. O mandato dos membros do Conselho Superior do Ministério Público terá início em 1º de janeiro do ano seguinte ao da eleição.

Parágrafo único. A sessão solene de posse dos membros do Conselho Superior do Ministério Público será realizada no mesmo dia da primeira reunião ordinária do mês de janeiro do Órgão Especial do Colégio de Procuradores de Justiça.

Art. 33. Os suplentes substituem os membros do Conselho Superior do Ministério Público em seus impedimentos ou afastamentos por mais de 30 (trinta) dias, sucedendo-os em caso de vaga.

Parágrafo único. Durante as férias é facultado ao titular exercer suas funções no Conselho Superior do Ministério Público, mediante prévia comunicação ao Presidente.

Art. 34. São inelegíveis para o Conselho Superior:

I – para o período subsequente, o Procurador de Justiça que o integrou como membro nato e em caráter efetivo;

II – os Procuradores de Justiça que estiverem afastados da carreira até 60 (sessenta) dias antes da data da eleição.

Art. 35. O Conselho Superior do Ministério Público reunir-se-á, ordinariamente, uma vez por semana, em dia previamente estabelecido, e, extraordinariamente, quando convocado por seu Presidente ou por proposta de pelo menos 4 (quatro) de seus membros.

§ 1º. Das reuniões será lavrada ata circunstanciada, na forma regimental.

§ 2º. As deliberações do Conselho Superior do Ministério Público serão tomadas por maioria simples de votos, presente a maioria absoluta de seus membros, cabendo ao Presidente também o voto de desempate.

§ 3º. As decisões do Conselho Superior do Ministério Público serão motivadas, quando o exigir esta Lei Complementar, e publicadas, por extrato, salvo nas hipóteses legais de sigilo ou por deliberação da maioria de seus integrantes.

Art. 36. São atribuições do Conselho Superior do Ministério Público:

I – baixar as normas regulamentadoras do processo eleitoral para a formação da lista tríplice para escolha do Procurador-Geral de Justiça, observadas as disposições desta Lei Complementar;

II – eleger os membros do Ministério Público que integrarão a Comissão de Concurso de ingresso na carreira;

III – indicar ao Procurador-Geral de Justiça, em lista tríplice, os candidatos a remoção ou promoção por merecimento;

IV – elaborar as listas sêxtuplas a que se referem os arts. 94, *caput*, 104, parágrafo único, II, da Constituição Federal;

- ***Constituição Federal:***

Art. 94. Um quinto dos lugares dos Tribunais Regionais Federais, dos Tribunais dos Estados, e do Distrito Federal e Territórios será composto de membros do Ministé-

rio Público, com mais de dez anos de carreira, e de advogados de notório saber jurídico e de reputação ilibada, com mais de dez anos de efetiva atividade profissional, indicados em lista sêxtupla pelos órgãos de representação das respectivas classes. (...)

Art. 104. *O Superior Tribunal de Justiça compõe-se de, no mínimo, trinta e três Ministros.*

Parágrafo único. Os Ministros do Superior Tribunal de Justiça serão nomeados pelo Presidente da República, dentre brasileiros com mais de trinta e cinco e menos de sessenta e cinco anos, de notável saber jurídico e reputação ilibada, depois de aprovada a escolha pela maioria absoluta do Senado Federal, sendo: (...)

- ***Caput do Parágrafo único com redação dada pela Emenda Constitucional nº 45, de 8.12.2004.***

II – um terço, em partes iguais, dentre advogados e membros do Ministério Público Federal, Estadual, do Distrito Federal e Territórios, alternadamente, indicados na forma do art. 94.

V – indicar o nome do mais antigo membro do Ministério Público para remoção ou promoção por antiguidade;

VI – (revogado);

- ***Inciso VI revogado pela Lei Complementar nº 981, de 21.12.2005.***

VII – aprovar os pedidos de remoção por permuta entre membros do Ministério Público;

VIII – decidir sobre vitaliciamento de membro do Ministério Público;

IX – determinar, independentemente de representação, por voto da maioria absoluta de seus integrantes, a disponibilidade ou remoção de membros do Ministério Público, por interesse público, assegurada a ampla defesa.

- ***Inciso IX com redação dada pela Lei Complementar nº 1.155, de 26.10.2011.***

X – aprovar o quadro geral de antiguidade do Ministério Público e decidir sobre reclamações formuladas a esse respeito;

XI – sugerir ao Procurador-Geral de Justiça a edição de recomendações, sem caráter vinculativo, aos órgãos do Ministério Público para o desempenho de suas funções e a adoção de medidas convenientes ao aprimoramento dos serviços;

XII – autorizar o afastamento de membro do Ministério Público para frequentar curso ou seminário de aperfeiçoamento e estudo, no País ou no exterior;

XIII – expedir, no prazo máximo de 60 (sessenta) dias, depois de verificada a vaga para remoção ou promoção, edital para o preenchimento do cargo, salvo motivo de interesse público;

XIV – solicitar informações ao Corregedor-Geral do Ministério Público sobre a conduta e atuação funcional dos membros do Ministério Público e sugerir a realização de correições e visitas de inspeção para a verificação de eventuais irregularidades nos serviços;

- ***Inciso XIV com redação dada pela Lei Complementar nº 1.147, de 6.9.2011.***

XV – tomar conhecimento dos relatórios da Corregedoria-Geral do Ministério Público;

XVI – recomendar ao Corregedor-Geral do Ministério Público a instauração de sindicância ou processo administrativo disciplinar contra membro do

Ministério Público, cabendo recurso ao Órgão Especial, por deliberação da maioria do Conselho Superior do Ministério Público, em 10 (dez) dias, contra a decisão que decidir pela não instauração;

- ***Inciso XVI com redação dada pela Lei Complementar nº 1.147, de 6.9.2011.***

XVII – deliberar sobre a participação de membros do Ministério Público em organismos estatais de defesa do meio ambiente, neste compreendido o do trabalho, do consumidor, de política penal e penitenciária e outros afetos à sua área de atuação;

XVIII – opinar sobre o afastamento da carreira de membro do Ministério Público para o exercício de outro cargo, emprego ou função de nível equivalente ou superior, observado o disposto no art. 29, § 3º, do Ato das Disposições Constitucionais Transitórias, da Constituição Federal;

- ***Constituição Federal – Ato das Disposições Constitucionais Transitórias:***

Art. 29. Enquanto não aprovadas as leis complementares relativas ao Ministério Público e à Advocacia-Geral da União, o Ministério Público Federal, a Procuradoria-Geral da Fazenda Nacional, as Consultorias Jurídicas dos Ministérios, as Procuradorias e Departamentos Jurídicos de autarquias federais com representação própria e os membros das Procuradorias das Universidades fundacionais públicas continuarão a exercer suas atividades na área das respectivas atribuições. (...)

§ 3º. Poderá optar pelo regime anterior, no que respeita às garantias e vantagens, o membro do Ministério Público admitido antes da promulgação da Constituição, observando-se, quanto às vedações, a situação jurídica na data desta.

XIX – autorizar o Procurador-Geral de Justiça a designar, por ato excepcional e fundamentado, membro do Ministério Público para exercer as funções processuais afetas a outro membro da Instituição;

XX – aprovar os pedidos de reversão, examinando sua conveniência, e indicar, para aproveitamento, membro do Ministério Público em disponibilidade;

XXI – editar assentos de caráter normativo em matéria de sua competência;

XXII – recusar, na indicação por antiguidade, o membro do Ministério Público mais antigo, pelo voto de 2/3 (dois terços) de seus integrantes, conforme procedimento próprio, repetindo-se a votação até fixar-se a indicação, após o julgamento de eventual recurso, interposto ao Órgão Especial do Colégio de Procuradores de Justiça;

XXIII – elaborar seu regimento interno;

XXIV – exercer outras atribuições previstas em lei.

Seção IV – Da Corregedoria-Geral do Ministério Público

Art. 37. A Corregedoria-Geral do Ministério Público é o Órgão da Administração Superior do Ministério Público encarregado da orientação e fiscalização das atividades funcionais e da conduta dos membros do Ministério Público.

Parágrafo único. A Corregedoria-Geral do Ministério Público deve, ainda, avaliar o resultado das atividades das Procuradorias e das Promotorias de Justiça.

- ***Parágrafo único com redação dada pela Lei Complementar nº 1.147, de 6.9.2011.***

Art. 38. O Corregedor-Geral e o Vice-Corregedor serão eleitos, por voto obrigatório e secreto, pelo Colégio de Procuradores de Justiça, para mandato de 2 (dois) anos, na primeira quinzena de novembro dos anos pares, permitida uma recondução, observado o mesmo procedimento.

- *Art. 38, caput, com redação dada pela Lei Complementar nº 1.147, de 6.9.2011.*

§ 1º. Em caso de empate na votação, observar-se-á o disposto no art. 31 desta Lei Complementar.

§ 2º. O Vice-Corregedor substituirá o Corregedor-Geral em caso de férias, licença, afastamento, impedimento ou suspeição e assumirá o cargo na vacância pelo restante do mandato.

- *§ 2º com redação dada pela Lei Complementar nº 1.147, de 6.9.2011.*

§ 3º. O Corregedor-Geral e o Vice-Corregedor serão nomeados por ato do Procurador-Geral de Justiça.

- *§ 3º com redação dada pela Lei Complementar nº 1.147, de 6.9.2011.*

§ 4º. Os mandatos do Corregedor-Geral e do Vice-Corregedor terão início em 1º de janeiro do ano seguinte ao da eleição.

- *§ 4º com redação dada pela Lei Complementar nº 1.147, de 6.9.2011.*

§ 5º. A sessão solene de posse do Corregedor-Geral e do Vice-Corregedor será realizada no mesmo dia da primeira reunião ordinária do mês de janeiro do Órgão Especial do Colégio de Procuradores de Justiça.

- *§ 5º com redação dada pela Lei Complementar nº 1.147, de 6.9.2011.*

§ 6º. O Corregedor-Geral e o Vice-Corregedor poderão ser destituídos dos mandatos pelo voto de 2/3 (dois terços) dos membros do Colégio de Procuradores de Justiça, em caso de abuso de poder, conduta incompatível ou grave omissão dos deveres do cargo, por representação do Procurador-Geral de Justiça ou da maioria dos seus integrantes, assegurada ampla defesa, observando-se, quanto ao procedimento, no que couber, o disposto nos arts. 13 e 15 desta Lei Complementar.

- *§ 6º com redação dada pela Lei Complementar nº 1.147, de 6.9.2011.*

§ 7º. Em caso férias, licença, afastamento, suspeição ou impedimento simultâneo do Corregedor-Geral e do Vice-Corregedor, a substituição caberá ao Procurador de Justiça mais antigo em exercício no Órgão Especial do Colégio de Procuradores de Justiça.

- *§ 7º acrescido pela Lei Complementar nº 1.147, de 6.9.2011.*

§ 8º. Se o Procurador de Justiça mais antigo em exercício no Órgão Especial do Colégio de Procuradores de Justiça integrar o Conselho Superior do Ministério Público, o substituto será o Procurador de Justiça seguinte na lista de antiguidade.

- *§ 8º acrescido pela Lei Complementar nº 1.147, de 6.9.2011.*

§ 9º. Em caso de vacância dos cargos do Corregedor-Geral e do Vice-Corregedor, aplica-se, no que couber, o disposto nos §§ 7º e 8º para o restante do mandato.

- *§ 9º acrescido pela Lei Complementar nº 1.147, de 6.9.2011.*

Art. 39. Somente poderão concorrer à eleição para os cargos de Corregedor-Geral e Vice-Corregedor do Ministério Público os Procuradores de Justiça em exercício e que se inscreverem, mediante requerimento conjunto dirigido ao Procurador-Geral de Justiça, durante a segunda quinzena do mês de outubro do ano da eleição.

- ***Art. 39, caput, com redação dada pela Lei Complementar nº 1.147, de 6.9.2011.***

Parágrafo único. Após o término do mandato, o Corregedor-Geral ficará impedido, por 2 (dois) anos, de concorrer a cargo eletivo na Administração Superior do Ministério Público.

- ***Parágrafo único com redação dada pela Lei Complementar nº 1.147, de 6.9.2011.***

Art. 40. São inelegíveis para os cargos de Corregedor-Geral e Vice-Corregedor do Ministério Público:

- ***Art. 40, caput, com redação dada pela Lei Complementar nº 1.147, de 6.9.2011.***

I – os Procuradores de Justiça que, até 30 dias antes da data da votação, estiverem ocupando cargo no Órgão Especial do Colégio de Procuradores de Justiça e nos Órgãos da Administração Superior do Ministério Público referidos nos incisos I e III do art. 5º desta Lei Complementar;

- ***Inciso I com redação dada pela Lei Complementar nº 1.147, de 6.9.2011.***

II – os Procuradores de Justiça integrantes da Comissão Processante Permanente prevista no art. 96-A desta Lei Complementar, até dois anos após o término do exercício de seus mandatos;

- ***Inciso II acrescido pela Lei Complementar nº 1.147, de 6.9.2011.***

III – os Procuradores de Justiça que estiverem afastados da carreira até 60 (sessenta) dias da data da eleição.

- ***Inciso III, primitivo Inciso II, renumerado pela Lei Complementar nº 1.147, de 6.9.2011.***

Art. 41. O Corregedor-Geral do Ministério Público será assessorado por Promotores de Justiça da mais elevada entrância por ele indicados e designados a seu pedido pelo Procurador-Geral de Justiça.

§ 1º. Caberá ao Órgão Especial do Colégio de Procuradores de Justiça, por proposta do Corregedor-Geral do Ministério Público, fixar o número de Promotores de Justiça para exercício das funções de assessoria junto à Corregedoria-Geral do Ministério Público.

§ 2º. Recusando-se o Procurador-Geral de Justiça a designar os Promotores que lhe forem indicados, o Corregedor-Geral do Ministério Público poderá submeter a indicação à deliberação do Órgão Especial do Colégio de Procuradores de Justiça.

§ 3º. O Órgão Especial do Colégio de Procuradores de Justiça, mediante solicitação do Corregedor-Geral do Ministério Público, poderá autorizar que Procurador de Justiça o auxilie em correições previamente designadas.

Art. 42. São atribuições do Corregedor-Geral do Ministério Público:

I – integrar, como membro nato, o Órgão Especial do Colégio de Procuradores de Justiça e o Conselho Superior do Ministério Público;

II – realizar correições e visitas de inspeção nas Promotorias de Justiça;

III – realizar correições, visitas de inspeção e vistorias nas Procuradorias de Justiça, encaminhando relatório ao Órgão Especial do Colégio de Procuradores de Justiça;

- *Inciso III com redação dada pela Lei Complementar nº 1.147, de 6.9.2011.*

IV – acompanhar o cumprimento das metas estabelecidas pelas Promotorias de Justiça em seus programas de atuação;

V – instaurar e presidir sindicância destinada a apurar a ocorrência de falta disciplinar e sua autoria;

- *Inciso V com redação dada pela Lei Complementar nº 1.147, de 6.9.2011.*

VI – instaurar processo administrativo disciplinar, precedido ou não de sindicância, e encaminhar os autos à Comissão Processante Permanente para instrução, da qual participará como órgão acusatório, podendo postular a produção de provas, pleitear a condenação ou a absolvição e, se for o caso, recorrer da decisão do Procurador-Geral de Justiça;

- *Inciso VI com redação dada pela Lei Complementar nº 1.147, de 6.9.2011.*

VII – solicitar ao Órgão Especial do Colégio de Procuradores de Justiça a constituição de comissão especial formada por Procuradores de Justiça, de caráter transitório, indicando os respectivos nomes, com a finalidade de auxiliar nas atividades afetas à Corregedoria-Geral do Ministério Público;

VIII – remeter ao Conselho Superior do Ministério Público relatório circunstanciado sobre a atuação pessoal e funcional dos Promotores em estágio probatório, propondo, se for o caso, o não vitaliciamento;

IX – fazer recomendações, sem caráter vinculativo, a órgão de execução;

X – determinar e superintender a organização dos assentamentos relativos às atividades funcionais e à conduta dos membros do Ministério Público e dos estagiários, coligindo todos os elementos necessários à apreciação de seu merecimento;

XI – expedir atos, visando à regularidade e ao aperfeiçoamento dos serviços do Ministério Público, nos limites de suas atribuições;

XII – apresentar ao Procurador-Geral de Justiça e ao Órgão Especial do Colégio de Procuradores de Justiça, na primeira quinzena de fevereiro, relatório, com dados estatísticos sobre a atividade das Procuradorias e Promotorias de Justiça, relativas ao ano anterior;

XIII – remeter aos demais órgãos da Administração Superior do Ministério Público informações necessárias ao desempenho de suas atribuições;

XIV – dirigir e distribuir os serviços da Corregedoria;

XV – organizar o serviço de estatística das atividades do Ministério Público;

XVI – requisitar das Secretarias dos Tribunais de Justiça e de Justiça Militar, dos cartórios ou de qualquer repartição judiciária cópia de peças de autos judiciais ou administrativos, certidões ou informações para instrução de sindicância;

- *Inciso XVI com redação dada pela Lei Complementar nº 1.147, de 6.9.2011.*

XVII – desempenhar outras atribuições que lhe forem conferidas por lei.

§ 1º. Dos assentamentos de que trata o inciso X deverão constar obrigatoriamente:

a) os documentos e trabalhos do Promotor de Justiça enviados à Corregedoria-Geral do Ministério Público;

b) as referências constantes de pedido de inscrição do interessado no concurso de ingresso;

c) as anotações resultantes da fiscalização permanente dos Procuradores de Justiça e as referências em julgados dos Tribunais por eles enviadas;

d) as observações feitas em correições ou vistorias;

e) outras informações pertinentes.

§ 2º. As anotações a que se refere a alínea "c" do parágrafo anterior, quando importarem em demérito, serão inicialmente comunicadas ao membro do Ministério Público interessado, que poderá apresentar justificativa no prazo de 30 (trinta) dias.

§ 3º. Se a justificativa não for aceita, o interessado poderá recorrer ao Conselho Superior do Ministério Público no prazo de 3 (três) dias e, somente com o desprovimento do recurso, poderá ser feita a anotação no seu prontuário.

Capítulo III – Dos Órgãos de Administração do Ministério Público

Seção I – Das Procuradorias de Justiça

Art. 43. As Procuradorias de Justiça são Órgãos de Administração do Ministério Público, com cargos de Procurador de Justiça e serviços auxiliares necessários ao desempenho das funções que lhe forem cometidas por esta Lei Complementar.

Art. 44. As Procuradorias de Justiça serão instituídas por Ato do Colégio de Procuradores de Justiça, mediante proposta do Procurador-Geral de Justiça, que deverá conter:

I – a denominação das Procuradorias de Justiça, de acordo com a respectiva área de atuação;

II – o número de cargos de Procurador de Justiça que a integrarão;

III – as normas de organização interna e de funcionamento.

§ 1º. O remanejamento de cargos de Procurador de Justiça de uma para outra Procuradoria dependerá de aprovação do Órgão Especial do Colégio de Procuradores de Justiça, por iniciativa de Procurador de Justiça, sempre com fundamento na necessidade do serviço.

§ 2º. Os integrantes de cada Procuradoria de Justiça escolherão dois Procuradores de Justiça para exercerem, durante o período de 1 (um) ano, permitida uma recondução consecutiva, as funções de Secretário Executivo e de

Suplente de Secretário Executivo, com incumbência de responder pelos serviços administrativos da Procuradoria.

§ 3º. Cada Procuradoria de Justiça definirá consensualmente, conforme critérios próprios, a divisão interna dos serviços processuais dentre seus integrantes; não havendo consenso aplicar-se-á o disposto no inciso XVII, do art. 22, desta Lei Complementar.

§ 4º. As Procuradorias de Justiça realizarão, obrigatoriamente, reuniões mensais para tratar de assunto de seu peculiar interesse, e especialmente para:

I – fixação de tese jurídica, sem caráter vinculativo, inclusive para interposição de recursos aos Tribunais Superiores, encaminhando-as ao Procurador-Geral de Justiça para conhecimento e publicidade;

II – propor ao Procurador-Geral de Justiça a escala de férias individuais de seus integrantes;

III – (revogado);

- *Inciso III revogado pela Lei Complementar nº 981, de 21.12.2005.*

IV – encaminhar à Procuradoria-Geral de Justiça sugestões para a elaboração do Plano Geral de Atuação do Ministério Público;

V – definir critérios para a presença obrigatória de Procurador de Justiça nas sessões de julgamento dos processos;

VI – estabelecer o sistema de inspeção permanente dos serviços dos Promotores de Justiça nos autos em que oficiem, cujos relatórios serão remetidos à Corregedoria-Geral do Ministério Público.

§ 5º. A participação nas reuniões das Procuradorias de Justiça é obrigatória e delas serão lavradas atas cujas cópias serão remetidas ao Procurador-Geral de Justiça, ao Corregedor-Geral do Ministério Público e ao Órgão Especial do Colégio de Procuradores de Justiça.

- *§ 5º com redação dada pela Lei Complementar nº 1.147, de 6.9.2011.*

§ 6º. Qualquer membro do Colégio de Procuradores de Justiça poderá propor alteração na organização das Procuradorias de Justiça.

§ 7º. O prazo para devolução dos autos com manifestação de Procurador de Justiça não poderá exceder, salvo situações especiais, 30 (trinta) dias.

Art. 45. Os serviços auxiliares das Procuradorias de Justiça destinar-se-ão a dar suporte administrativo necessário ao seu funcionamento e ao desempenho das funções dos Procuradores de Justiça e serão instituídos e organizados por Ato do Procurador-Geral de Justiça.

Seção II – Das Promotorias de Justiça

Art. 46. As Promotorias de Justiça são Órgãos de Administração do Ministério Público com um ou mais cargos de Promotor de Justiça e serviços auxiliares necessários ao desempenho das funções que lhe forem cometidas na forma desta Lei Complementar.

Parágrafo único. As Promotorias de Justiça serão integradas por Promotores de Justiça encarregados de exercer as funções institucionais de Ministério Público e tomar as medidas judiciais e extrajudiciais necessárias à consecução dos objetivos e diretrizes definidos nos Planos Gerais de Atuação do Ministério Público e nos respectivos Programas de Atuação.

Art. 47. As Promotorias de Justiça serão organizadas por Ato do Procurador-Geral de Justiça, observadas as seguintes disposições:

I – as Promotorias de Justiça poderão ser Especializadas, Criminais, Cíveis, Cumulativas ou Gerais;

II – nas Promotorias de Justiça com mais de 1 (um) integrante serão escolhidos Promotores de Justiça para exercer, durante o período de 1 (um) ano, permitida uma recondução consecutiva, as funções de Secretário Executivo e respectivo Suplente, com incumbência de responder pelos serviços administrativos da Promotoria;

III – cada Promotoria de Justiça encaminhará ao Procurador-Geral de Justiça a sugestão de divisão interna dos serviços, processuais e extraprocessuais, bem como suas alterações, para deliberação pelo Órgão Especial do Colégio de Procuradores de Justiça;

IV – cada Promotoria de Justiça deverá manter os livros, pastas e arquivos obrigatórios, bem como registro e controle permanente dos seus procedimentos e expedientes, findos ou em andamento;

V – as Promotorias de Justiça realizarão reuniões mensais para tratar de assunto de seu peculiar interesse, e especialmente para:

a) encaminhar à Procuradoria-Geral de Justiça sugestões para a elaboração do Plano Geral de Atuação do Ministério Público;

b) definir, de acordo com o Plano Geral de Atuação, os respectivos Programas de Atuação da Promotoria e os Programas de Atuação Integrada;

c) propor ao Procurador-Geral de Justiça a escala de férias individuais de seus integrantes, a de substituição automática para atuação em procedimentos ou processos judiciais, observados os critérios de proximidade e facilidade de acesso, e a de plantão, sempre que o exigirem as necessidades da Promotoria ou os serviços judiciários;

d) propor a constituição de Grupos de Atuação Especial, de caráter transitório, para consecução dos objetivos e diretrizes definidos nos Planos Gerais de Atuação e nos respectivos Programas de Atuação;

e) solicitar ao Procurador-Geral de Justiça a designação de Estagiários do Ministério Público para a Promotoria de Justiça, definindo as respectivas funções;

f) sugerir a organização administrativa de seus serviços auxiliares internos;

g) sugerir as atribuições a serem desempenhadas por funcionários e estagiários.

§ 1º. Todas as deliberações tomadas sobre as matérias referidas no inciso V, deste artigo, sempre por maioria simples de voto presente a maioria absoluta dos integrantes da Promotoria de Justiça, serão comunicadas ao Procurador-Geral de Justiça para as providências cabíveis e, se for o caso, para registro ou expedição do ato competente para conferir-lhes eficácia.

§ 2º. A participação nas reuniões da Promotoria de Justiça é obrigatória, dela lavrando-se ata, da qual remeter-se-á cópia à Procuradoria-Geral de Justiça.

§ 3º. Consideram-se:

I – Promotorias Especializadas, aquelas cujos cargos que as integram têm suas funções definidas pela espécie de infração penal, pela natureza da relação jurídica de direito civil ou pela competência de determinado órgão jurisdicional, fixada exclusivamente em razão da matéria;

II – Promotorias Criminais, aquelas cujos cargos que as integram têm suas funções definidas para a esfera penal, exclusivamente, sem distinção entre espécies de infração penal ou de órgão jurisdicional com competência fixada exclusivamente em razão da matéria;

III – Promotorias Cíveis, aquelas cujos cargos que as integram têm suas funções definidas para a esfera civil, sem distinção quanto a natureza da relação jurídica de direito civil ou de órgão jurisdicional com competência fixada exclusivamente em razão da matéria;

IV – Promotorias Cumulativas ou Gerais, aquelas cujos cargos que as integram têm, simultaneamente, as funções daqueles que compõem as Promotorias Criminais e Cíveis.

§ 4º. Os Grupos de Atuação Especial deverão ser aprovados pelo Órgão Especial do Colégio de Procuradores de Justiça.

§ 5º. O Ato do Procurador-Geral de Justiça que organizar as Promotorias definirá se ela é Especializada, Criminal, Cível ou Cumulativa ou Geral.

§ 6º. A Promotoria de Justiça será obrigatoriamente especializada se os cargos que a integram contiverem na sua denominação indicativo de espécie de infração penal, de relação jurídica de direito civil ou de órgão jurisdicional com competência definida exclusivamente em razão da matéria.

Art. 48. Os serviços auxiliares das Promotorias de Justiça destinar-se-ão a dar suporte administrativo necessário ao seu funcionamento e ao desempenho das funções dos Promotores de Justiça e serão instituídos e organizados por Ato do Procurador-Geral de Justiça.

Capítulo IV – Dos Órgãos Auxiliares

Seção I – Dos Centros de Apoio Operacional

Art. 49. Os Centros de Apoio Operacional, órgãos auxiliares da atividade funcional do Ministério Público, integram o Gabinete do Procurador-Geral de Justiça.

§ 1º. Poderão ser designados Promotores de Justiça da mais elevada entrância para prestar serviços junto aos Centros de Apoio Operacional.

§ 2º. A posse de Procurador-Geral de Justiça para novo mandato fará cessar todas as designações de membros do Ministério Público junto aos Centros de Apoio Operacional.

Art. 50. Os Centros de Apoio Operacional serão instituídos e organizados por Ato do Procurador-Geral de Justiça.

Art. 51. Compete aos Centros de Apoio Operacional:

I – estimular a integração e o intercâmbio entre órgãos de execução que atuem na mesma área de atividade e que tenham atribuições comuns;

II – remeter informações técnico-jurídicas, sem caráter vinculativo, aos órgãos ligados à sua atividade;

III – estabelecer intercâmbio permanente com entidades ou órgãos públicos ou privados que atuem em áreas afins, para obtenção de elementos técnicos especializados necessários ao desempenho de suas funções;

IV – remeter anualmente ao Procurador-Geral de Justiça relatório das atividades do Ministério Público relativas às suas áreas de atribuições;

V – exercer outras funções compatíveis com suas finalidades, definidas em Ato do Procurador-Geral de Justiça, vedado o exercício de qualquer atividade de órgão de execução, bem como a expedição de atos normativos a estes dirigidos.

Seção II – Da Comissão de Concurso

Art. 52. A Comissão de Concurso, órgão auxiliar de natureza transitória, incumbido de realizar a seleção de candidatos ao ingresso na carreira do Ministério Público, é presidida pelo Procurador-Geral de Justiça e composta de 4 (quatro) Procuradores de Justiça, eleitos pelo Conselho Superior do Ministério Público e de 1 (um) representante do Conselho Seccional da Ordem dos Advogados do Brasil.

§ 1º. O Conselho Superior do Ministério Público, após eleger os membros da Comissão de Concurso, escolherá, pela ordem, 3 (três) suplentes.

§ 2º. Nos impedimentos eventuais do Procurador-Geral de Justiça exercerá a presidência da Comissão o Procurador de Justiça mais antigo que a integre.

§ 3º. O Procurador-Geral de Justiça oficiará ao Conselho Seccional da Ordem dos Advogados do Brasil comunicando os nomes dos eleitos e solicitando a indicação, no prazo de 15 (quinze) dias, de seu representante para integrar a Comissão, informando as matérias do concurso que lhe serão destinadas e o respectivo cronograma.

§ 4º. As decisões da Comissão de Concurso serão tomadas por maioria absoluta de votos, cabendo ao Presidente também o voto de desempate.

Seção III – Do Centro de Estudos e Aperfeiçoamento Funcional

Subseção I – Disposições Gerais

Art. 53. O Centro de Estudos e Aperfeiçoamento Funcional é Órgão Auxiliar do Ministério Público e visa ao aprimoramento profissional e cultural dos membros da Instituição, de seus auxiliares e funcionários, bem como a melhor execução de seus serviços e racionalização de seus recursos materiais.

Art. 54. Para consecução de suas finalidades o Centro de Estudos e Aperfeiçoamento Funcional poderá realizar ou patrocinar cursos, seminários, congressos, simpósios, pesquisas, atividades, estudos e publicações, bem como promover a divulgação dos conhecimentos decorrentes.

Parágrafo único. Os recursos provenientes das atividades previstas neste artigo serão destinadas a um Fundo Especial criado por esta Lei Complementar.

Art. 55. Para atingir seus objetivos, o Centro de Estudos e Aperfeiçoamento Funcional poderá relacionar-se, celebrar convênios e colaborar, pelos meios adequados, com outros órgãos do Ministério Público do Estado de São Paulo, com a Fundação Escola Paulista do Ministério Público, com a Associação Paulista do Ministério Público, com os demais Ministérios Públicos e Associações de Ministérios Públicos, com os institutos educacionais, com as universidades ou com outras instituições e entidades públicas ou privadas nacionais ou estrangeiras.

Subseção II – Da Organização e Atribuições Gerais

Art. 56. São Órgãos Internos do Centro de Estudos e Aperfeiçoamento Funcional:

I – Conselho;

II – Diretoria.

§ 1º. São Órgãos Internos do Conselho:

I – Presidente;

II – Vice-Presidente;

III – Secretário;

IV – Conselheiros.

§ 2º. A Diretoria é composta por um Diretor, escolhido dentre os membros do Ministério Público, em exercício ou aposentado, nomeado pelo Conselho, e por auxiliares designados pelo Procurador-Geral de Justiça.

Art. 57. O Conselho é o órgão de direção do Centro de Estudos e Aperfeiçoamento Funcional, integrado:

I – pelo Procurador-Geral de Justiça;

II – pelo Corregedor-Geral do Ministério Público;

III – por um membro do Órgão Especial do Colégio de Procuradores de Justiça;

IV – por um membro do Conselho Superior do Ministério Público;

V – por um membro do Ministério Público de Segunda Instância, não integrante do Órgão Especial do Colégio de Procuradores de Justiça ou do Conselho Superior do Ministério Público;

VI – por dois membros do Ministério Público de Primeira Instância, um titular de cargo lotado na Comarca da Capital e outro titular de cargo lotado em Comarca do Interior.

§ 1º. A presidência do Conselho será exercida pelo Procurador-Geral de Justiça e a Vice-Presidência pelo Corregedor-Geral do Ministério Público.

§ 2º. Os membros do Conselho Superior do Ministério Público e do Órgão Especial do Colégio de Procuradores de Justiça serão eleitos por seus pares na primeira reunião ordinária que se seguir à composição desse órgão, para mandato de dois anos.

§ 3º. Os membros do Ministério Público de Primeira e Segunda Instâncias serão escolhidos pelo Procurador-Geral de Justiça, em lista tríplice formulada pelo Conselho Superior do Ministério Público, também para mandato de 2 (dois) anos.

Art. 58. Compete ao Conselho:

I – fixar as diretrizes de atuação do Centro;

II – nomear e destituir o Diretor, bem como apreciar seu pedido de renúncia;

III – aprovar o planejamento anual ou plurianual de cursos, congressos, seminários, simpósios, estudos, pesquisas, publicações e atividades diversas;

IV – aprovar seu Regimento Interno e o do Centro de Estudos e Aperfeiçoamento Funcional, bem como as respectivas alterações;

V – aprovar convênios;

VI – apreciar a prestação de contas do Centro de Estudos e Aperfeiçoamento Profissional e de recursos repassados a entidades conveniadas;

VII – deliberar sobre a destinação dos recursos do Fundo Especial referido no parágrafo único, do art. 54, desta Lei Complementar;

VIII – convocar o Diretor para esclarecimentos, quando julgar necessário;

IX – eleger seu Secretário;

X – exercer as demais funções inerentes à sua atividade.

Seção IV – Dos Órgãos de Apoio Técnico e Administrativo

Subseção I – Da Estrutura Geral

Art. 59. Os órgãos e serviços auxiliares de apoio técnico e administrativo do Ministério Público serão organizados e instituídos por Ato do Procurador-Geral de Justiça e contarão com quadro próprio de cargos de carreira que atendam suas peculiaridades, as necessidades da administração e as atividades funcionais.

Art. 60. Os serviços auxiliares de apoio técnico e administrativo atuarão junto ao:

I – Gabinete do Procurador-Geral de Justiça;

II – Corregedoria-Geral do Ministério Público;

III – Colégio de Procuradores de Justiça;

IV – Conselho Superior do Ministério Público;

V – Procuradorias de Justiça;

VI – Promotorias de Justiça;

VII – Centro de Estudo e Aperfeiçoamento Funcional.

Parágrafo único. Para a descentralização dos serviços auxiliares e de apoio técnico o Procurador-Geral de Justiça poderá instituir Áreas Regionais, que contarão com estrutura necessária para o desempenho de suas funções.

Subseção II – Da Estrutura do Gabinete do Procurador-Geral de Justiça

Art. 61. O Gabinete do Procurador-Geral de Justiça compreende as seguintes funções de confiança:

I – Chefia de Gabinete;

II – Assessoria Técnica;

III – Centros de Apoio Operacional;

IV – Diretoria-Geral e Diretorias Regionais.

- *Inciso IV com redação dada pela Lei Complementar nº 1.155, de 26.10.2011.*

Parágrafo único. Competirá às Subprocuradorias-Gerais de Justiça, quando implantadas, as atribuições conferidas à Chefia de Gabinete e à Diretoria-Geral, além de outras que lhes forem delegadas por ato específico do Procurador-Geral de Justiça.

- *Parágrafo único acrescido pela Lei Complementar nº 1.083, de 17.12.2008.*

Subseção III – Da Chefia de Gabinete

Art. 62. A Chefia de Gabinete compreende:

I – Centro de Informática;

II – Área de Serviços Estatísticos;

III – Área de Documentação e Divulgação;

IV – Área de Apoio à Segunda Instância;

V – Área de Expediente e Secretarias.

VI – Área de Saúde.

- *Inciso VI acrescido pela Lei Complementar nº 1.155, de 26.10.2011.*

§ 1º. A Área de Saúde tem atribuição especializada para realização de exames, perícias e inspeções médicas de que trata a presente lei complementar, além de outras atividades que lhe sejam próprias.

• *§ 1º acrescido pela Lei Complementar nº 1.155, de 26.10.2011.*

§ 2º. A execução das atividades da Área de Saúde poderão ser realizadas por outros órgãos oficiais ou credenciados, conforme Ato regulamentar do Procurador-Geral de Justiça.

• *§ 2º acrescido pela Lei Complementar nº 1.155, de 26.10.2011.*

Subseção IV – Da Assessoria Técnica

Art. 63. A Assessoria Técnica compreende:

I – Corpo Técnico;

II – Corpo de Apoio Técnico.

§ 1º. O Corpo Técnico é constituído de Assessores designados dentre os membros do Ministério Público com, no mínimo, 10 (dez) anos de carreira.

• *§ 1º com redação dada pela Lei Complementar nº 1.083, de 17.12.2008.*

§ 2º. O Corpo de Apoio Técnico é constituído de Assessores, designados dentre funcionários ou servidores administrativos, com diploma de nível universitário ou habilitação legal correspondente e experiência profissional comprovada em assuntos relacionados com as funções a serem desempenhadas.

Subseção V – Da Diretoria-Geral

Art. 64. A Diretoria Geral compreende:

I – Corpo de Apoio Técnico;

II – Sub Área de Apoio Técnico;

III – Sub Área de Apoio Administrativo;

IV – Centro de Recursos Humanos,

V – Departamento de Administração;

VI – Departamento de Finanças e Contabilidade;

VII – Grupo de Planejamento Setorial;

VIII – Comissão Processante Permanente;

IX – Áreas Regionais.

Art. 65. O Corpo de Apoio Técnico da Diretoria Geral tem a atribuição de prestar assistência técnica ao Diretor-Geral em assuntos relacionados à sua área de atuação.

Art. 66. A Sub Área de Apoio Técnico da Diretoria Geral tem, dentre outras, a atribuição de elaborar quadros, tabelas e mapas, pesquisas, ofícios, contratos, pareceres, planilhas e gráficos.

Art. 67. A Sub Área de Apoio Administrativo tem, dentre outras, a atribuição de receber, registrar, distribuir e expedir processos, correspondências e papéis, manter arquivo de correspondência expedida e das cópias dos documentos preparados, executar serviços de datilografia e providenciar cópias de textos.

Art. 68. Ao Centro de Recursos Humanos em relação à Administração de Pessoal do Ministério Público, dentre outras atividades próprias de suas funções, cabe assistir as autoridades nos assuntos relacionados com a Administração de Pessoal, planejar a execução, das políticas e diretrizes relativas à Administração de Pessoal, coordenar, prestar orientação técnica, controlar e, quando for o caso, executar as atividades de administração do pessoal, inclusive dos estagiários e do pessoal contratado para prestação de serviços.

Art. 69. Cabe ao Departamento de Administração prestar às unidades do Ministério Público serviços na área de administração de material e patrimônio, de compras, de transportes internos motorizados e de zeladoria, propiciando-lhes condições de desempenho adequado, além de outros necessários ao exercício de suas atribuições.

Art. 70. O Centro de Finanças e Contabilidade contará com Corpo de Apoio Técnico, com uma Área de Pagamentos, uma Área de Orçamento e Despesas, uma Área de Contabilidade e uma Área de Fiscalização e Controle de Execução Orçamentária, competindo-lhe, dentre outras, as atribuições de:

I – supervisionar os serviços de Contabilidade, Execução Orçamentária, Extraorçamentária, Inspeção e Tomada de Contas;

II – exercer o controle interno de que cuida o art. 3º, § 3º, desta Lei Complementar;

III – fazer cumprir as normas estaduais referentes à execução orçamentária e de encerramento do exercício financeiro;

IV – propor normas para aprimorar a execução orçamentária e financeira;

V – emitir pareceres sobre assuntos técnico-administrativos;

VI – elaborar tabelas e quadros orçamentários, financeiros, contábeis e estatísticos.

Art. 71. A Área de Contabilidade tem as atribuições de executar os serviços contábeis, de acordo com os planos de contas vigentes e opinar sobre questões de contabilidade pública.

Art. 72. Ao Grupo de Planejamento Setorial incumbe as atribuições definidas na legislação pertinente.

Art. 73. A Comissão Processante Permanente tem por atribuição conduzir os processos administrativos ou sindicâncias de funcionários e servidores do Ministério Público.

Art. 74. As Áreas Regionais da Capital e do Interior têm, dentre outras, as atribuições de receber, registrar e encaminhar autos de processos judiciais em que devam oficiar órgãos de execução do Ministério Público de Primeira Instância, assim como papéis e outros documentos relacionados com a atividade dos órgãos de execução.

Art. 75. Ao Diretor-Geral, na sua área de atuação, compete, além das delegações que lhe forem feitas pelo Procurador-Geral de Justiça:

I – quanto à administração de pessoal:

a) dar posse e exercício aos funcionários e servidores do Ministério Público, inclusive àqueles nomeados para cargos em comissão, bem como de direção e chefia;

b) aprovar a indicação ou designar funcionários ou servidores para responder pelo expediente das unidades subordinadas, bem como de substitutos de cargos, funções-atividades ou funções de serviço público de direção, chefia ou encarregatura;

c) designar funcionário ou servidor para o exercício de substituição remunerada;

d) autorizar ou prorrogar a convocação de funcionários e servidores para a prestação de serviços extraordinários;

e) encaminhar:

1. ao Procurador-Geral de Justiça, propostas de designação de funcionários e servidores, nos termos da legislação em vigor;

2. ao Centro de Recursos Humanos, as declarações de frequência firmadas pelos Membros do Ministério Público, para efeito de pagamento de diárias;

f) autorizar, cessar ou prorrogar afastamento de funcionários e servidores para dentro do País e por prazo não superior a 30 (trinta) dias, nas seguintes hipóteses:

1. missão ou estudo de interesse do serviço público;

2. participação em congressos ou outros certames culturais, técnicos ou científicos;

3. participação em provas ou competições desportivas, desde que haja solicitação de autoridade competente;

g) autorizar:

1. o pagamento de diárias a funcionários e servidores, até 30 (trinta) dias;

2. o pagamento de transportes a funcionários e servidores, bem como ajuda de custo, na forma da legislação pertinente;

3. por ato específico, as autoridades que lhe são subordinadas, a requisitarem transporte de pessoal por conta do Estado, observadas as restrições legais vigentes;

h) requisitar passagens aéreas para funcionário ou servidor a serviço dentro do País, até o limite máximo fixado na legislação pertinente;

i) autorizar:

1. a concessão e fixar o valor da gratificação *pro labore* a funcionário ou servidor que pagar ou receber em moeda corrente, observada a legislação pertinente;

2. o gozo de licença especial para funcionário que frequentar curso de graduação em Administração Pública da Fundação Getúlio Vargas ou da Universidade de São Paulo;

3. horários especiais de trabalho;

4. o gozo de férias não usufruídas no exercício correspondente;

j) aprovar o conteúdo, a duração e a metodologia a ser adotada nos programas de treinamento e desenvolvimento de recursos a serem executados sob a responsabilidade direta ou indireta do Centro de Recursos Humanos;

l) convocar, quando cabível, funcionário ou servidor para prestação de serviço em Jornada Completa de Trabalho, observada a legislação pertinente;

m) decidir, nos casos de absoluta necessidade dos serviços, sobre a impossibilidade de gozo de férias regulamentares;

n) conceder:

1. licença a funcionários para tratar de interesses particulares;

2. adicionais por tempo de serviço e sexta-parte, bem como, conceder ou suprimir salário-família aos membros do Ministério Público;

3. licença-prêmio, ou autorizar a correspondente indenização quando indeferida por necessidade do serviço, aos membros do Ministério Público;

4. licença a funcionária casada com funcionário ou militar que for mandado servir, independente de solicitação, em outro ponto do Estado ou território nacional ou estrangeiro;

o) publicar periodicamente a distribuição quantitativa e qualitativa de cargos e funções nas respectivas unidades administrativas subordinadas, em função da necessidade de serviço;

p) deferir a averbação de tempo de serviço anterior público ou particular, nos termos da lei, aos membros, funcionários ou servidores do Ministério Público;

q) atestar o exercício dos membros do Ministério Público da Capital e, supletivamente, do Interior;

r) expedir títulos de nomeação, apostilas de nomenclatura de cargos e de aposentadoria, relativas aos membros do Ministério Público;

II – quanto à matéria disciplinar:

a) determinar:

1. a instauração de processo administrativo ou sindicância, inclusive para apuração de responsabilidade em acidentes com veículos oficiais;

2. as providências para instauração de inquérito policial;

b) ordenar ou prorrogar a suspensão preventiva de funcionário ou servidor, até 30 (trinta) dias;

c) aplicar pena de repreensão e suspensão, limitada a 30 (trinta) dias, bem como converter em multa a suspensão aplicada;

III – quanto à administração financeira e orçamentária:

a) elaborar a proposta orçamentária do Ministério Público, com dotação própria, devidamente instruída e quanto à sua aplicação e execução submetendo-a à apreciação do Procurador-Geral de Justiça;

b) autorizar:

1. despesa dentro dos limites impostos pelas dotações liberadas para as respectivas unidades de despesa, bem como firmar contratos, quando for o caso;

2. alteração de tabelas explicativas e de distribuição de recursos orçamentários;

3. adiantamento;

4. liberação, restituição ou substituição de caução em geral e de fiança, quando dadas em garantia de execução de contrato;

c) submeter a proposta orçamentária à aprovação do dirigente da unidade orçamentária;

IV – quanto à administração de material e patrimônio:

a) assinar editais de concorrência;

b) decidir sobre assuntos relativos a licitação, nas modalidades de Tomada de Preços e Convite, podendo exercer as atribuições referidas no art. 19, inciso IX, letra "c", nº 1 a 9, desta Lei Complementar, bem como aplicar penalidade, exceto a de decretação de inidoneidade para licitar ou contratar;

c) autorizar, mediante ato específico, autoridades subordinadas, a requisitarem transporte de material por conta do Estado;

V – quanto à organização dos serviços administrativos da Instituição, visando à modernização administrativa, aprovar e encaminhar ao Procurador-Geral de Justiça as propostas de alterações da estrutura administrativa do Ministério Público;

VI – quanto às atividades gerais:

a) assistir o Procurador-Geral de Justiça no desempenho de suas funções;

b) propor o programa de trabalho das unidades subordinadas e as alterações que se fizerem necessárias;

c) coordenar, orientar e acompanhar as atividades das unidades subordinadas;

d) zelar pelo cumprimento dos prazos fixados para o desenvolvimento dos trabalhos;

e) baixar normas de funcionamento das unidades subordinadas;

f) responder, conclusivamente, às consultas formuladas pelos órgãos de Administração Pública sobre assuntos de sua competência;

g) solicitar informações a outros órgãos ou entidades;

h) encaminhar papéis, processos e expedientes diretamente aos órgãos competentes para manifestação sobre os assuntos neles tratados;

i) decidir os pedidos de certidões e vista de processos administrativos;

j) despachar o expediente da Diretoria-Geral com o Procurador-Geral de Justiça;

l) propor ao Procurador-Geral de Justiça normas de funcionamento das unidades subordinadas, fixando-lhes as áreas de atuação, quando for o caso;

m) visar extratos para publicação na imprensa oficial.

Parágrafo único. Ato do Procurador-Geral de Justiça poderá constituir Diretorias Regionais para o exercício de funções que lhes sejam delegadas, ficando-lhes vinculadas as respectivas Áreas Regionais e os corpos de apoio técnico nelas lotados.

- *Parágrafo único acrescido pela Lei Complementar nº 1.155, de 26.10.2011.*

Seção V – Dos Estagiários

Subseção I – Disposição Geral

Art. 76. Os estagiários, auxiliares do Ministério Público, após credenciamento pelo Conselho Superior do Ministério Público, serão designados pelo Procurador-Geral de Justiça para o exercício de suas funções por período não superior a três anos.

Parágrafo único. O período referido no *caput* deste artigo poderá ser prorrogado por mais três anos a partir da conclusão do curso de Bacharelado em Direito, mediante manifestação favorável do órgão perante ao qual o estagiário presta serviços, ouvida a Corregedoria-Geral do Ministério Público, aprovada pelo Conselho Superior do Ministério Público.

- *Parágrafo único acrescido pela Lei Complementar nº 1.083, de 17.12.2008.*

Subseção II – Do Estágio

Art. 77. O estágio compreende o exercício transitório de funções auxiliares nos órgãos do Ministério Público.

- *Art. 77 com redação dada pela Lei Complementar nº 1.083, de 17.12.2008.*

Art. 78. O número de estagiários será fixado por ato do Procurador-Geral de Justiça, ouvindo-se o Conselho Superior do Ministério Público, observada a disponibilidade financeiro-orçamentária, e não poderá ultrapassar o dobro dos cargos da carreira.

- *Art. 78, caput, com redação dada pela Lei Complementar nº 1.083, de 17.12.2008.*

Parágrafo único. (Revogado).

- *Parágrafo único revogado pela Lei Complementar nº 1.083, de 17.12.2008.*

Art. 79. O estágio não confere vínculo empregatício com o Estado, sendo vedado estender ao estagiário direitos ou vantagens assegurados aos servidores públicos.

Subseção III – Do Credenciamento, da Designação e da Posse

Art. 80. Os estagiários serão credenciados pelo Conselho Superior do Ministério Público para período não superior a 3 (três) anos, salvo o disposto no parágrafo único do art. 76 desta Lei Complementar.

- *Art. 80 com redação dada pela Lei Complementar nº 1.083, de 17.12.2008.*

Art. 81. O credenciamento dependerá de prévia aprovação em concurso público de provas, nos termos de regulamento aprovado pelo órgão especial do Colégio de Procuradores de Justiça.

- *Art. 81, caput, com redação dada pela Lei Complementar nº 1.083, de 17.12.2008.*

§ 1º. O concurso, aberto por edital publicado no último trimestre de cada ano, terá eficácia para preenchimento das vagas existentes e das que vierem a ocorrer durante o período de validade.

§ 2º. Compete ao Conselho Superior do Ministério Público, levando em conta a localização das Faculdades de Direito, delimitar o âmbito territorial de eficácia do concurso para o credenciamento.

§ 3º. Somente serão credenciados os candidatos aprovados que estiverem matriculados a partir do antepenúltimo ano ou quinto semestre do curso, desde que não contem com mais de uma dependência de aprovação em qualquer disciplina de período anterior.

- *§ 3º com redação dada pela Lei Complementar nº 1.083, de 17.12.2008.*

§ 4º. A pedido do interessado, a comprovação de que trata o parágrafo anterior poderá ser feita até o início do ano letivo, hipótese em que o credenciamento terá caráter provisório.

Art. 82. Para fins de credenciamento, deverá o candidato:

- *Art. 82, caput, com redação dada pela Lei Complementar nº 1.083, de 17.12.2008.*

I – ser brasileiro;

II – estar em dia com as obrigações militares;

III – estar no gozo dos direitos políticos;

IV – ter boa conduta;

V – gozar de boa saúde e aptidão física e mental, comprovada por atestado médico;

- *Inciso V com redação dada pela Lei Complementar nº 1.083, de 17.12.2008.*

VI – estar matriculado em curso de graduação em Direito, de escola oficial ou reconhecida, na forma do disposto nos §§ 2º e 4º do artigo anterior, a partir do antepenúltimo ano do curso, desde que não conte com mais de uma dependência de aprovação em qualquer disciplina de período anterior.

Art. 83. Compete ao Procurador-Geral de Justiça designar, no ato de credenciamento, o local de exercício do estagiário, tendo em vista a localização da Faculdade de Direito, a escolha manifestada e a ordem de classificação obtida no concurso regional.

Art. 84. O estagiário, publicado o ato de credenciamento, tomará posse na Procuradoria-Geral de Justiça.

Parágrafo único. Nos dez dias subsequentes à data em que entrar em exercício, o estagiário fará comunicação à Procuradoria-Geral de Justiça, à Corregedoria-Geral do Ministério Público e ao Conselho Superior do Ministério Público.

Subseção IV – Do Descredenciamento

Art. 85. O estagiário será descredenciado:

I – a pedido;

II – automaticamente:

a) quando da conclusão do curso de graduação em Direito, se não for prorrogado o estágio nos termos do parágrafo único do art. 76 desta Lei Complementar;

- *Alínea "a" com redação dada pela Lei Complementar nº 1.083, de 17.12.2008.*

b) ao completar o período de 3 (três) anos do estágio, salvo prorrogação por no máximo igual período, nos termos do parágrafo único do art. 76 desta Lei Complementar;

- *Alínea "b" com redação dada pela Lei Complementar nº 1.083, de 17.12.2008.*

c) caso venha a se ausentar do serviço, durante o ano civil, por mais de dez dias sem justificação, ou por mais de vinte dias, ainda que motivadamente;

d) caso não haja renovado sua matrícula no curso de graduação em Direito ou vier a ser reprovado em duas disciplinas do respectivo currículo pleno;

III – por violação aos deveres contidos no art. 91 ou por incidir nas vedações previstas no art. 92 desta Lei Complementar, apurados em procedimento administrativo sumário, que seguirá o rito previsto na Seção III do Capítulo III do Título IV do Livro II desta Lei Complementar, assegurada a ampla defesa.

- *Inciso III com redação dada pela Lei Complementar nº 1.083, de 17.12.2008.*

Subseção V – Das Atribuições dos Estagiários

Art. 86. Incumbe ao estagiário, no exercício de suas funções auxiliares:

I – o levantamento de dados, de conteúdo doutrinário ou jurisprudencial, necessários ou convenientes ao correspondente exercício funcional;

II – o acompanhamento das diligências de investigação de que for incumbido, exceto as de polícia judiciária e para apuração de infrações penais;

III – o estudo das matérias que lhe sejam confiadas, propondo a adoção dos procedimentos consequentes;

IV – o atendimento ao público, nos limites da orientação que venha a receber;

V – o controle da movimentação dos autos de processos administrativos ou judiciais, acompanhando a realização dos correspondentes atos e termos;

VI – a execução dos serviços de datilografia, digitação, correspondência, escrituração, registro e arquivo, que lhe forem atribuídos;

VII – o desempenho de quaisquer outras atividades compatíveis com sua condição acadêmica.

Art. 87. É de 20 (vinte) horas semanais a jornada de trabalho do estagiário, devendo corresponder ao expediente do foro e compatibilizar-se com a duração do turno de funcionamento do curso de graduação em Direito em que esteja matriculado, exceto no período de prorrogação, quando a jornada semanal passará a ser de 35 (trinta e cinco) horas semanais.

- *Art. 87 com redação dada pela Lei Complementar nº 1.083, de 17.12.2008.*

Subseção VI – Dos Direitos, Deveres e Vedações

Art. 88. O estagiário receberá bolsa mensal, cujo valor será fixado por ato do Procurador-Geral de Justiça.

- *Art. 88, caput, com redação dada pela Lei Complementar nº 1.083, de 17.12.2008.*

§ 1º. A bolsa mensal será devida a título de ajuda de custo, auxílio-alimentação e transporte, e não poderá exceder a 7% (sete por cento) do valor do subsídio mensal de Promotor de Justiça Substituto.

- *§ 1º acrescido pela Lei Complementar nº 1.083, de 17.12.2008.*

§ 2º. No período a que se refere o parágrafo único do art. 76 desta Lei Complementar será facultada a majoração gradual de 5 (cinco) a 30% (trinta por cento) do valor referido no parágrafo anterior, na conformidade de ato do Procurador-Geral de Justiça.

- *§ 2º acrescido pela Lei Complementar nº 1.083, de 17.12.2008.*

Art. 89. O estagiário terá direito:

I – a férias anuais de 30 (trinta) dias após o primeiro ano de exercício na função, podendo gozá-las em dois períodos iguais, sem prejuízo da bolsa mensal;

II – a licença, com prejuízo da bolsa mensal:

a) para realização de provas até o máximo de 20 (vinte) dias por ano;

b) a juízo do Procurador-Geral de Justiça, por tempo que não prejudique o desenvolvimento e as finalidades do estágio.

Art. 90. O período de exercício na função de estagiário será considerado tempo de serviço público para todos os fins.

Parágrafo único. O tempo de prorrogação do estágio, após a conclusão do curso de Bacharelado em Direito, nos termos do parágrafo único do art. 76 desta Lei Complementar, será considerado atividade jurídica.

- *Parágrafo único acrescido pela Lei Complementar nº 1.083, de 17.12.2008.*

Art. 91. São deveres do estagiário:

I – atender à orientação que lhe for dada pelo órgão do Ministério Público junto ao qual servir;

II – cumprir o horário que lhe for fixado;

III – apresentar, trimestralmente, à Corregedoria-Geral do Ministério Público, relatórios de suas atividades;

IV – comprovar, no início de cada ano letivo, a renovação da matrícula em curso de graduação em Direito, bem como que não foi reprovado em mais de uma disciplina do currículo pleno;

V – manter sigilo sobre fatos relevantes de que tiver conhecimento no exercício das funções;

VI – cumprir, com presteza e eficiência, as tarefas que lhe forem atribuídas.

- *Inciso VI acrescido pela Lei Complementar nº 1.083, de 17.12.2008.*

Parágrafo único. O Secretário Executivo ou o Coordenador do órgão, a que estiver administrativamente vinculado o estagiário, encaminhará, mensalmente, atestado de sua frequência.

- *Parágrafo único com redação dada pela Lei Complementar nº 1.083, de 17.12.2008.*

Art. 92. Ao estagiário é vedado:

I – ter comportamento incompatível com a natureza da atividade funcional;

II – identificar-se, invocando sua qualidade funcional, ou usar papéis com o timbre do Ministério Público em qualquer matéria alheia ao serviço;

III – utilizar distintivos e insígnias privativos dos membros do Ministério Público;

IV – praticar quaisquer atos, processuais ou extraprocessuais, que exijam qualidade postulatória ou que constituam atribuição exclusiva de órgão de execução do Ministério Público, salvo assinar peças processuais ou manifestações nos autos juntamente com o Promotor de Justiça;

V – desempenhar qualquer cargo, emprego ou função pública, bem como exercer atividade privada incompatível com sua condição funcional;

VI – exercer a advocacia.

- *Inciso VI acrescido pela Lei Complementar nº 1.083, de 17.12.2008.*

§ 1º. Na hipótese de violação das normas previstas neste artigo, o estagiário poderá ser suspenso pelo Secretário Executivo da Promotoria de Justiça a que estiver administrativamente vinculado, sujeito o ato à ratificação do Procurador-Geral de Justiça, sem prejuízo da providência prevista no art. 85, inciso III, desta Lei Complementar.

§ 2º. A suspensão será comunicada, de imediato, ao Procurador-Geral de Justiça e ao Corregedor-Geral do Ministério Público.

§ 3º. Caso a suspensão não venha a ser ratificada, nenhum prejuízo funcional sofrerá o estagiário.

Subseção VII – Das Transferências

Art. 93. Em razão de conveniência do serviço, respeitado o disposto no art. 81, § 2º, desta Lei Complementar, será possível a transferência do local de exercício do estagiário, a pedido ou de ofício, ouvido o Conselho Superior do Ministério Público.

Parágrafo único. Os pedidos de permuta serão apreciados pelo Conselho Superior do Ministério Público, tendo em vista o disposto neste artigo.

Subseção VIII – Da Avaliação do Estagiário

Art. 94. O estagiário, no exercício de suas funções, sujeitar-se-á à fiscalização e orientação da Corregedoria-Geral do Ministério Público, bem como à inspeção permanente e orientação dos órgãos perante os quais presta serviços.

Art. 95. Compete ao Conselho Superior do Ministério Público avaliar o desempenho do estagiário, nos termos do regulamento que vier a ser estabelecido, expedindo o certificado correspondente.

Art. 96. O Centro de Estudos do Ministério Público promoverá cursos e convênios visando a fornecer aos estagiários conhecimentos ligados ao exercício das funções do Ministério Público.

Seção VI – Da Comissão Processante Permanente

- *Seção VI (arts. 96-A a 96-D) acrescida pela Lei Complementar nº 1.147, de 6.9.2011.*

Art. 96-A. A Comissão Processante Permanente é o Órgão Auxiliar do Ministério Público encarregado da instrução dos processos administrativos disciplinares e dos processos destinados à remoção compulsória ou à disponibilidade por interesse público, instaurados em face de membro do Ministério Público.

- *Art. 96-A acrescido pela Lei Complementar nº 1.147, de 6.9.2011.*

Art. 96-B. A Comissão Processante Permanente será composta por 5 (cinco) Procuradores de Justiça, não integrantes do Órgão Especial do Colégio de Procuradores de Justiça ou do Conselho Superior do Ministério Público.

§ 1º. Os Procuradores de Justiça da Comissão Processante serão eleitos pelo Colégio de Procuradores de Justiça, nos anos ímpares, para o exercício da função pelo período de 2 (dois) anos, prorrogável por uma vez, observado o mesmo processo de escolha.

§ 2º. Na mesma oportunidade, serão escolhidos os respectivos suplentes, que substituirão os membros da Comissão Processante Permanente em casos de impedimento, suspeição, afastamento, licença ou férias, sucedendo-os na vacância pelo restante do período.

§ 3º. São inelegíveis para função de membro da Comissão Processante Permanente os Procuradores de Justiça que estiverem ocupando cargo na Procuradoria-Geral de Justiça, na Corregedoria-Geral, no Conselho Superior e no Órgão Especial do Colégio de Procuradores de Justiça, até 30 (trinta) dias antes da data da votação, bem como os que estiverem afastados da carreira até 60 (sessenta) dias da data da eleição.

§ 4º. O membro da Comissão Processante Permanente poderá ser destituído pelo órgão que o elegeu, na forma do respectivo Regimento.

§ 5º. A Comissão Processante Permanente será presidida pelo Procurador de Justiça mais antigo, poderá ser subdividida em turmas de, no mínimo,

3 (três) membros e tomará suas deliberações por maioria de votos, nos termos do seu Regimento, a ser elaborado pela própria Comissão e encaminhado ao Procurador-Geral de Justiça que, após ouvido o Conselho Superior do Ministério Público, o remeterá ao Órgão Especial do Colégio de Procuradores de Justiça para aprovação.

§ 6º. O Regimento mencionado no § 5º disporá sobre os atos e termos processuais que poderão ser praticados monocraticamente pelos membros da Comissão Processante Permanente.

§ 7º. Após o término do exercício do mandato, o membro da Comissão Processante Permanente ficará impedido, por 2 (dois) anos, de concorrer a cargo eletivo na Administração Superior do Ministério Público.

- *Art. 96-B acrescido pela Lei Complementar nº 1.147, de 6.9.2011.*

Art. 96-C. São atribuições da Comissão Processante Permanente:

I – instruir os processos administrativos disciplinares instaurados pelo Corregedor-Geral do Ministério Público, bem como os processos destinados à remoção compulsória ou à disponibilidade por interesse público de membro do Ministério Público, cabendo-lhe:

a) observar os princípios do contraditório e da ampla defesa;

b) requisitar aos órgãos do Ministério Púbico, aos órgãos estatais ou a entes privados informações, certidões e documentos;

c) expedir notificações para comparecimento das pessoas a serem ouvidas e requisitar a realização de perícias, vistorias e exames;

d) determinar outros atos necessários à instrução do processo e zelar pela regularidade procedimental;

II – elaborar relatório conclusivo e propor:

a) ao Procurador-Geral de Justiça, a extinção do processo administrativo disciplinar, a absolvição ou a condenação do acusado, indicando a sanção disciplinar a ser aplicada e o respectivo fundamento legal;

b) ao Conselho Superior do Ministério Público, a procedência ou improcedência da representação para remoção compulsória ou disponibilidade por interesse público de membro do Ministério Público.

- *Art. 96-C acrescido pela Lei Complementar nº 1.147, de 6.9.2011.*

Art. 96-D. O Procurador-Geral de Justiça, a pedido da Comissão Processante Permanente, poderá, fundamentadamente e diante da necessidade do serviço, ampliar, por Ato, o número de integrantes da Comissão Processante Permanente, cuja escolha competirá ao Colégio de Procuradores de Justiça.

Parágrafo único. Se o Procurador-Geral de Justiça não acolher o pedido da Comissão Processante Permanente, esta poderá, no prazo de 5 (cinco) dias, interpor recurso ao Órgão Especial, que deliberará a respeito.

- *Art. 96-D acrescido pela Lei Complementar nº 1.147, de 6.9.2011.*

TÍTULO III – DAS ATRIBUIÇÕES DO MINISTÉRIO PÚBLICO

Capítulo I – Dos Planos e Programas de Atuação Institucional

Seção I – Do Plano Geral de Atuação

Art. 97. A atuação do Ministério Público deve levar em conta os objetivos e as diretrizes institucionais estabelecidos anualmente no Plano Geral de Atuação, destinados a viabilizar a consecução de metas prioritárias nas diversas áreas de suas atribuições legais.

Art. 98. O Plano Geral de Atuação será estabelecido pelo Procurador-Geral de Justiça, com a participação dos Centros de Apoio Operacional, das Procuradorias e Promotorias de Justiça, ouvidos o Órgão Especial do Colégio de Procuradores de Justiça e o Conselho Superior do Ministério Público.

Parágrafo único. Para execução do Plano Geral de Atuação serão estabelecidos:

I – Programas de Atuação das Promotorias de Justiça;

II – Programas de Atuação Integrada de Promotorias de Justiça;

III – Projetos Especiais.

Art. 99. O procedimento de elaboração do Plano Geral de Atuação, dos Programas de Atuação e dos Projetos Especiais será disciplinado em Ato do Procurador-Geral de Justiça.

Seção II – Dos Programas de Atuação e Projetos Especiais

Art. 100. Os Programas de Atuação das Promotorias de Justiça, que serão por elas elaborados, especificarão as providências judiciais e extrajudiciais necessárias à sua concretização, a forma de participação dos órgãos do Ministério Público neles envolvidos e os meios e recursos para sua execução.

Art. 101. Os Programas de Atuação Integrada, obedecido o disposto no artigo anterior, serão elaborados pelos integrantes das Promotorias de Justiça envolvidas, sempre que necessário para a consecução dos objetivos e diretrizes do Plano Geral de Atuação.

Art. 102. Os Projetos Especiais, observado o disposto no art. 99, serão estabelecidos por Ato do Procurador-Geral de Justiça em vista de alterações legislativas, circunstâncias emergenciais ou situações excepcionais.

- *Art. 102, caput, com redação dada pela Lei Complementar nº 1.155, de 26.10.2011.*

Parágrafo único. Poderão ser designadas equipes de membros do Ministério Público para os Projetos Especiais.

- *Parágrafo único acrescido pela Lei Complementar nº 1.155, de 26.10.2011.*

Capítulo II – Das Funções Institucionais do Ministério Público

Seção I – Das Funções Institucionais

Art. 103. São funções institucionais do Ministério Público, nos termos da legislação aplicável:

I – promover a defesa do regime democrático e dos interesses sociais e individuais indisponíveis;

II – propor ação direta de inconstitucionalidade de leis ou atos normativos estaduais ou municipais, em face da Constituição Estadual;

III – propor ação direta de inconstitucionalidade por omissão de medida necessária para tornar efetiva norma ou princípio da Constituição Estadual;

IV – promover a representação de inconstitucionalidade para efeito de intervenção do Estado nos Municípios;

V – promover a representação destinada a intervenção do Estado nos Municípios para assegurar a execução de lei, ordem ou decisão judicial;

VI – promover, privativamente, a ação penal pública;

VII – exercer a defesa dos direitos assegurados nas Constituições Federal e Estadual, sempre que se cuidar de garantir-lhes o respeito:

a) pelos poderes estaduais ou municipais;

b) pelos órgãos da Administração Pública estadual ou municipal, direta ou indireta;

c) pelos concessionários e permissionários de serviço público estadual ou municipal;

d) por entidades que exerçam outra função delegada do Estado ou do Município ou executem serviço de relevância pública;

VIII – promover o inquérito civil e a ação civil pública, para a proteção, a prevenção e a reparação dos danos causados ao patrimônio público e social, ao meio ambiente, ao consumidor, aos bens e direitos de valor artístico, estético, histórico, turístico e paisagístico, e a outros interesses difusos, coletivos, homogêneos e individuais indisponíveis;

IX – manifestar-se nos processos em que sua presença seja obrigatória por lei e, ainda, sempre que cabível a intervenção, para assegurar o exercício de suas funções institucionais, não importando a fase ou grau de jurisdição em que se encontrem os processos;

X – exercer a fiscalização dos estabelecimentos prisionais e dos que abriguem idosos, menores, incapazes ou pessoas portadoras de deficiência;

XI – interpor recursos ao Supremo Tribunal Federal e ao Superior Tribunal de Justiça;

XII – ingressar em juízo, de ofício, para responsabilizar os gestores do dinheiro público condenados por Tribunais e Conselhos de Contas;

XIII – exercer o controle externo da atividade policial por meio de medidas administrativas e judiciais, podendo, dentre outras:

a) ter livre ingresso em estabelecimentos policiais ou prisionais;

b) ter acesso a quaisquer documentos relativos à atividade de polícia judiciária;

c) representar à autoridade competente pela adoção de providências para sanar a omissão ou para prevenir ou corrigir ilegalidade ou abuso de poder;

d) requisitar à autoridade competente a abertura de inquérito sobre a omissão ou fato ilícito ocorridos no exercício da atividade policial;

e) receber, imediatamente, comunicação da prisão de qualquer pessoa por parte da autoridade policial estadual, com indicação do lugar onde se encontra o preso e cópia dos documentos comprobatórios da legalidade da prisão.

§ 1º. É vedado o exercício das funções do Ministério Público a pessoas a ele estranhas, sob pena de nulidade do ato praticado.

§ 2º. Cabe ao Ministério Público receber representação ou petição de qualquer pessoa ou entidade representativa de classe, por desrespeito aos direitos assegurados na Constituição Federal e na Constituição Estadual, as quais, obedecido o disposto no parágrafo seguinte serão respondidas no prazo improrrogável de 30 (trinta) dias.

§ 3º. Toda a representação ou petição formulada ao Ministério Público será distribuída entre os membros da instituição que tenham atribuições para apreciá-la, observados os critérios fixados pelo Órgão Especial do Colégio de Procuradores de Justiça.

Art. 104. No exercício de suas funções, o Ministério Público poderá:

I – instaurar inquéritos civis e outras medidas e procedimentos administrativos pertinentes e, para instruí-los:

a) expedir notificações para colher depoimento ou esclarecimentos e, em caso de não comparecimento injustificado, requisitar condução coercitiva, inclusive pela Polícia Civil ou Militar, ressalvadas as prerrogativas previstas em lei;

b) requisitar informações, exames, perícias e documentos de autoridades federais, estaduais e municipais, bem como dos órgãos e entidades da administração direta, indireta ou fundacional, de qualquer dos Poderes da União, dos Estados, do Distrito Federal e dos Municípios;

c) promover inspeções e diligências investigatórias junto às autoridades, órgãos e entidades a que se refere a alínea anterior;

II – para instruir procedimentos administrativos preparatórios do inquérito civil tomar as medidas previstas nas alíneas “b” e “c” do inciso anterior;

III – requisitar informações e documentos a entidades privadas, para instruir procedimento ou processo em que oficie;

IV – requisitar à autoridade competente a instauração de sindicância ou procedimento administrativo cabível;

V – requisitar diligências investigatórias e a instauração de inquérito policial e de inquérito policial militar, observado o disposto no art. 129, VIII, da Constituição Federal, podendo acompanhá-los;

• ***Constituição Federal:***

Art. 129. São funções institucionais do Ministério Público: (...)

VIII – requisitar diligências investigatórias e a instauração de inquérito policial, indicados os fundamentos jurídicos de suas manifestações processuais; (...)

VI – sugerir ao Poder competente a edição de normas e a alteração da legislação em vigor, bem como a adoção de medidas propostas, destinadas à prevenção e controle da criminalidade;

VII – dar publicidade dos procedimentos administrativos não disciplinares que instaurar e medidas que adotar;

VIII – praticar atos administrativos executórios de caráter preparatório.

§ 1º. O membro do Ministério Público será responsável pelo uso indevido das informações e documentos que requisitar, inclusive nas hipóteses legais de sigilo.

§ 2º. A publicidade a que se refere o inciso VII deste artigo consistirá na publicação no Diário Oficial:

a) dos atos praticados pelo Procurador-Geral de Justiça ou por sua delegação;

b) dos atos de execução dos órgãos de Administração Superior do Ministério Público;

c) de relatórios dos Centros de Apoio Operacional elaborados com base nas comunicações de portarias de instauração de inquérito civil, de seu arquivamento ou das medidas judiciais deles decorrentes.

§ 3º. Serão cumpridas gratuitamente as requisições feitas pelo Ministério Público às autoridades, órgãos e entidades da Administração Pública direta, indireta ou fundacional, de qualquer dos Poderes da União, dos Estados, do Distrito Federal e dos Municípios.

§ 4º. A falta ao trabalho, em virtude de atendimento a notificação ou requisição, na forma do inciso I deste artigo, não autoriza desconto de vencimentos ou salário, considerando-se de efetivo exercício, para todos os efeitos, mediante comprovação escrita do membro do Ministério Público.

§ 5º. As notificações e requisições previstas neste artigo, quando tiverem por destinatários o Governador do Estado, membros da Assembleia Legislativa, do Poder Judiciário de segunda instância e Secretários de Estado, serão encaminhadas pelo Procurador-Geral de Justiça.

Seção II – Do Inquérito Civil

Art. 105. O inquérito civil, procedimento investigatório de natureza inquisitorial, será disciplinado por Ato do Órgão Especial do Colégio de Procuradores de Justiça, por iniciativa do Procurador-Geral de Justiça, obedecendo o disposto nesta Seção.

• ***ADI STF nº 1.285 de 26.11.1993*** *– Reqte: Procuradoria Geral da República – Reqdos: Governador do Estado e Assembleia Legislativa – Objeto: Artigos 105; 108, caput e § 1º; 111; art. 116, incisos V e X (só a remissão ao inciso V do mesmo arti-*

go); e § 2º do art. 299, todos da Lei Complementar nº 734, de 1993. Obs.: Substituição do relator, Ministro Joaquim Barbosa (8.7.2003) – Liminar deferida conclusos ao relator – 26.9.2001

Resultado da Liminar: Deferida em Parte – Decisão Plenária da Liminar

Por votação UNÂNIME, o Tribunal DEFERIU o pedido de medida liminar com efeito ex nunc *e suspendeu, até a decisão final da ação, a eficácia da expressão "de promoção ou", constante do § 2º do art. 299 da LC nº 734, de 26.11.93, do Estado de São Paulo, e, por maioria de votos, o Tribunal também deferiu com efeito* ex nunc *e suspendeu, até decisão final da ação, a eficácia da expressão "e a ação civil pública", constante do inciso V do art. 116 da mesma Lei Complementar (nº 734/1993), vencido, nesta parte, o Ministro Marco Aurélio que indeferia o pedido de medida liminar. O Tribunal, por votação unânime, indeferiu o pedido de medida liminar com relação aos demais preceitos impugnados. Votou o Presidente. Ausentes, ocasionalmente, os Ministros Maurício Corrêa e Sepúlveda Pertence, Presidente. Presidiu o julgamento o Ministro Celso de Mello (art. 37, I do RISTF). – Plenário, 25.10.1995 – Acórdão, DJ 23.3.2001.*

Art. 106. O inquérito civil será instaurado por portaria, de ofício, ou por determinação do Procurador-Geral de Justiça, ou do Conselho Superior do Ministério Público, e em face de representação ou em decorrência de peças de informação.

§ 1º. Sempre que necessário para formar seu convencimento, o membro do Ministério Público poderá instaurar procedimento administrativo preparatório do inquérito civil.

§ 2º. As providências referidas neste artigo e no parágrafo anterior serão tomadas no prazo máximo de 30 (trinta) dias.

§ 3º. As diligências investigatórias quando devam ser realizadas em outra Comarca poderão ser deprecadas a outro órgão de execução do Ministério Público.

Art. 107. A representação para instauração de inquérito civil será dirigida ao órgão do Ministério Público competente e deve conter:

a) nome, qualificação e endereço do representante e, sempre que possível, do autor do fato;

b) descrição do fato objeto das investigações;

c) indicação dos meios de prova.

§ 1º. Do indeferimento da representação de que trata este artigo caberá recurso ao Conselho Superior do Ministério Público no prazo de 10 (dez) dias, contados da data em que o representante tomar ciência da decisão.

§ 2º. Antes de encaminhar os autos ao Conselho Superior do Ministério Público, o membro do Ministério Público poderá, no prazo de 5 (cinco) dias, reconsiderar a decisão recorrida.

Art. 108. Da instauração do inquérito civil, caberá recurso do interessado ao Conselho Superior do Ministério Público, com efeito suspensivo.

§ 1º. O prazo de interposição dos recursos será de 5 (cinco) dias a contar da ciência do ato impugnado.

• ***ADI STF nº 1.285 de 26.11.1993 – Veja nota ao art. 105.***

§ 2º. (Vetado).

§ 3º. (Vetado).

Art. 109. O inquérito civil, quando instaurado, instruirá a petição inicial da ação civil pública.

Art. 110. Se o órgão do Ministério Público, esgotadas todas as diligências, se convencer da inexistência de fundamento para a propositura da ação civil, promoverá o arquivamento dos autos do inquérito civil ou das peças de informação, fazendo-o fundamentadamente.

§ 1º. Os autos do inquérito civil ou das peças de informação arquivados serão remetidos, no prazo de 3 (três) dias, sob pena de falta grave, ao Conselho Superior do Ministério Público.

§ 2º. A promoção de arquivamento será submetida a exame e deliberação do Conselho Superior do Ministério Público, conforme dispuser o seu Regimento.

§ 3º. Deixando o Conselho Superior do Ministério Público de homologar a promoção de arquivamento, comunicará, desde logo, ao Procurador-Geral de Justiça para a designação de outro órgão do Ministério Público para o ajuizamento da ação ou prosseguimento das investigações.

Art. 111. Depois de homologada, pelo Conselho Superior do Ministério Público, a promoção de arquivamento do inquérito civil ou das peças de informação, o órgão do Ministério Público somente poderá proceder a novas investigações se de outras provas tiver notícia.

- ***ADI STF nº 1.285 de 26.11.1993 – Veja nota ao art. 105.***

Art. 112. O órgão do Ministério Público, nos inquéritos civis que tenha instaurado e desde que o fato esteja devidamente esclarecido, poderá formalizar, mediante termo nos autos, compromisso do responsável quanto ao cumprimento das obrigações necessárias à integral reparação do dano.

Parágrafo único. A eficácia do compromisso ficará condicionada à homologação da promoção de arquivamento do inquérito civil pelo Conselho Superior do Ministério Público.

Art. 113. O inquérito civil instaurado para apurar violação de direito assegurado nas Constituições Federal e Estadual, ou irregularidade nos serviços de relevância pública poderá ser instruído através de depoimentos colhidos em audiência pública.

§ 1º. Encerrado o inquérito civil, o órgão de execução do Ministério Público poderá fazer recomendações aos órgãos ou entidades referidas no inciso VII, do art. 103, desta Lei Complementar, ainda que para maior celeridade e racionalização dos procedimentos administrativos, requisitando do destinatário sua divulgação adequada e imediata, bem como resposta por escrito.

§ 2º. Além das providências previstas no parágrafo anterior, poderá o órgão de execução do Ministério Público emitir relatórios, anuais ou especiais, encaminhando-os às entidades mencionadas no inciso VII, do art. 103, desta Lei Complementar, delas requisitando sua divulgação adequada e imediata.

Seção III – Das Atribuições Concorrentes e dos Conflitos de Atribuição

Art. 114. No mesmo processo ou procedimento não oficiará simultaneamente mais de um órgão do Ministério Público.

§ 1º. Para fins de atuação conjunta e integrada, como propositura de ações ou interposição de recursos, será admitida a atuação simultânea de membros do Ministério Público.

§ 2º. Se houver mais de uma causa bastante para a intervenção do Ministério Público, nele oficiará o órgão incumbido do zelo do interesse público mais abrangente.

§ 3º. Tratando-se de interesses de abrangência equivalente, oficiará no feito o órgão do Ministério Público investido da atribuição mais especializada; sendo todas as atribuições igualmente especializadas, incumbirá ao órgão que por primeiro oficiar no processo ou procedimento, ou a seu substituto legal, exercer todas as funções de Ministério Público.

Art. 115. Os conflitos de atribuição deverão ser suscitados, fundamentadamente, nos próprios autos em que ocorrerem e serão decididos pelo Procurador-Geral de Justiça.

Capítulo III – Das Funções dos Órgãos de Execução

Seção I – Do Procurador-Geral de Justiça

Art. 116. Além de outras previstas em normas constitucionais ou legais, são atribuições processuais do Procurador-Geral de Justiça:

I – propor ação penal nos casos de infrações penais comuns e de crimes de responsabilidade, nas hipóteses de competência originária dos Tribunais de Justiça e de Alçada;

II – impetrar, no interesse do Ministério Público, mandados de segurança e *habeas data* contra atos do Governador, da Mesa e da Presidência da Assembleia Legislativa, da Presidência dos Tribunais de Justiça e de Alçada ou de alguns de seus membros, dos Presidentes dos Tribunais de Contas do Estado e do Município de São Paulo, do Prefeito e do Presidente da Câmara Municipal da Capital e dos Secretários de Estado;

III – impetrar, no interesse do Ministério Público, mandados de injunção, quando a inexistência de norma regulamentadora estadual ou municipal, de qualquer dos Poderes, inclusive da Administração indireta, torne inviável o exercício de direitos assegurados em normas constitucionais e infraconstitucionais;

IV – exercer as atribuições do art. 129, incisos II e III, da Constituição Federal, quando a autoridade reclamada for o Governador do Estado, o Presidente da Assembleia Legislativa ou os Presidentes dos Tribunais, bem como quando contra estes, por ato praticado em razão de suas funções, deva ser ajuizada a competente ação;

- ***Constituição Federal:***

  Art. 129. *São funções institucionais do Ministério Público: (...)*

  II – zelar pelo efetivo respeito dos Poderes Públicos e dos serviços de relevância pública aos direitos assegurados nesta Constituição, promovendo as medidas necessárias à sua garantia;

  III – promover o inquérito civil e a ação civil pública, para a proteção do patrimônio público e social, do meio ambiente e de outros interesses difusos e coletivos; (...)

V – promover o inquérito civil *[e a ação civil pública]** para a defesa do patrimônio público e social, bem como da probidade e legalidade administrativas, quando a responsabilidade for decorrente de ato praticado, em razão de suas funções, por:

- ***ADI STF nº 1.285 de 26.11.1993 – Veja nota ao art. 105. [*] Suspensa a expressão até a decisão final da ADI.***

a) Secretário de Estado;

b) Membro da Diretoria ou do Conselho de Administração de entidade da Administração Indireta do Estado;

c) Deputado Estadual;

d) Membro do Ministério Público;

e) Membro do Poder Judiciário;

f) Conselheiro do Tribunal de Contas;

VI – propor ação de inconstitucionalidade de lei ou ato normativo estadual ou municipal, contestados em face da Constituição Estadual e ação de inconstitucionalidade por omissão em face de preceito da Constituição Estadual;

VII – propor representação para fins de intervenção do Estado nos Municípios para assegurar a observância dos princípios indicados na Constituição do Estado, bem como para prover a execução de lei, de ordem ou decisão judicial;

VIII – propor, nas hipóteses previstas em lei, ações rescisórias de julgados nos casos em que a decisão rescindenda tiver sido proferida em processo de competência originária dos Tribunais;

IX – propor, perante o Tribunal de Justiça, ação civil destinada à decretação da perda do cargo e de cassação de aposentadoria ou de disponibilidade de membro vitalício do Ministério Público, nas hipóteses previstas nesta Lei Complementar;

X – exercer as atribuições do Ministério Público nos processos referidos neste artigo e seus incidentes, bem como nos casos previstos nos incisos I, IV, V, VI e VII, quando a ação tiver sido proposta por terceiros;

XI – recorrer, pessoalmente ou por membro do Ministério Público designado, nos processos de sua atribuição, ao Superior Tribunal de Justiça ou ao Supremo Tribunal Federal, e também nos demais processos, sem prejuízo, nesta última hipótese, de igual atribuição do Procurador de Justiça oficiante;

XII – determinar o arquivamento de representação, notícia de crime, peças de informação ou inquérito policial, nas hipóteses de suas atribuições legais;

XIII – representar o Ministério Público nas sessões plenárias dos Tribunais;

XIV – delegar a membro do Ministério Público suas funções de órgão de execução.

Seção II – Do Colégio de Procuradores de Justiça

Art. 117. Compete ao Colégio de Procuradores de Justiça rever, pelo voto da maioria absoluta dos integrantes de seu Órgão Especial, mediante requerimento de legítimo interessado, desde que protocolado no Ministério Público no prazo de 5 (cinco) dias, contados da publicação no Diário Oficial, sob pena de preclusão, decisão de arquivamento de inquérito policial ou peças de informação determinada pelo Procurador-Geral de Justiça, nos casos de sua atribuição originária.

§ 1º. Ao recurso de que cuida este artigo aplica-se o disposto no § 2º, do art. 107, desta Lei Complementar.

§ 2º. Na hipótese de não confirmação do arquivamento, os autos serão encaminhados ao substituto legal do Procurador-Geral de Justiça.

Seção III – Do Conselho Superior do Ministério Público

Art. 118. Ao Conselho Superior do Ministério Público cabe rever o arquivamento de inquérito civil ou de peças de informação, na forma da lei e de seu Regimento Interno.

Parágrafo único. Na hipótese de não confirmação do arquivamento proposto pelo Procurador-Geral de Justiça, os autos serão remetidos ao seu substituto legal.

Seção IV – Dos Procuradores de Justiça

Art. 119. Aos Procuradores de Justiça cabe exercer as atribuições de Ministério Público junto aos Tribunais, inclusive interpor recursos e ajuizar reclamação nos Tribunais Superiores, desde que não privativas do Procurador-Geral de Justiça.

- ***Art. 119 com redação dada pela Lei Complementar nº 1.155, de 26.10.2011.***

Art. 120. A interposição de recursos do Ministério Público nos Tribunais Superiores, salvo nas hipóteses privativas do Procurador-Geral de Justiça, compete aos Procuradores de Justiça, nos processos em que oficiarem, incumbindo-lhes ainda fazer sustentação oral nos julgamentos, quando for o caso.

- ***Art. 120, caput, com redação dada pela Lei Complementar nº 1.083, de 17.12.2008.***

§ 1º. (Revogado).

- ***§ 1º revogado pela Lei Complementar nº 1.083, de 17.12.2008.***

§ 2º. (Revogado).

- ***§ 2º revogado pela Lei Complementar nº 1.083, de 17.12.2008.***

Seção V – Dos Promotores de Justiça

Art. 121. Cabe aos Promotores de Justiça exercer as atribuições de Ministério Público junto aos órgãos jurisdicionais de primeira instância, competindo-lhes, ainda:

I – impetrar *habeas corpus* e mandado de segurança e requerer correição parcial, inclusive perante os Tribunais Estaduais competentes;

II – atender a qualquer do povo, tomando as providências cabíveis;

III – oficiar perante a Justiça Eleitoral de primeira instância, com as atribuições do Ministério Público Eleitoral previstas na Lei Orgânica do Ministério Público da União que forem pertinentes, além de outras estabelecidas na legislação eleitoral e partidária;

IV – oficiar perante a Justiça do Trabalho, nos termos da legislação vigente, nas Comarcas em que não houver Junta de Conciliação e Julgamento.

LIVRO II
DO ESTATUTO DO MINISTÉRIO PÚBLICO

TÍTULO I – DA CARREIRA

Capítulo I – Do Concurso de Ingresso

Art. 122. O ingresso nos cargos iniciais da carreira dependerá da aprovação prévia em concurso público de provas e títulos, organizado e realizado pela Procuradoria-Geral de Justiça.

§ 1º. É obrigatória a abertura do concurso de ingresso quando o número de vagas atingir a um quinto do total dos cargos iniciais da carreira.

§ 2º. Assegurar-se-ão ao candidato aprovado a nomeação e a escolha do cargo, de acordo com a ordem de classificação no concurso.

§ 3º. São requisitos para o ingresso na carreira:

I – ser brasileiro;

II – ter concluído o curso de bacharelado em Direito, em escola oficial ou reconhecida;

III – estar quite com o serviço militar;

IV – estar no gozo dos direitos políticos;

V – ter idade inferior a 40 (quarenta) anos, ou a 45 (quarenta e cinco) anos, se funcionário público;

VI – gozar de boa saúde, física e mental;

VII – ter boa conduta social e não registrar antecedentes criminais incompatíveis com o exercício da função.

Art. 123. O concurso será realizado nos termos de regulamento editado pelo Órgão Especial do Colégio de Procuradores de Justiça, que reservará às pessoas portadoras de deficiência 5% (cinco por cento) de vagas.

Art. 124. Encerradas as provas, a Comissão de Concurso, logo em seguida, em sessão secreta, procederá ao julgamento do concurso, proclamando solenemente os resultados.

Art. 125. O Procurador-Geral de Justiça publicará aviso relacionando os cargos a serem providos e fixando data para que os candidatos aprovados, obedecida a ordem de classificação, façam a escolha do cargo inicial.

§ 1º. O candidato aprovado que, por qualquer motivo, não manifestar sua preferência nessa ocasião, perderá o direito de escolha, cabendo ao Procurador-Geral de Justiça indicar o cargo para o qual deverá ser nomeado.

§ 2º. Encerrada a escolha, o Procurador-Geral de Justiça expedirá, imediatamente, o ato de nomeação.

Capítulo II – Da Posse e do Exercício

Art. 126. A posse será dada pelo Procurador-Geral de Justiça, em sessão solene do Órgão Especial do Colégio de Procuradores de Justiça, mediante assinatura de termo de compromisso de desempenhar com retidão os deveres do cargo e de cumprir a Constituição e as leis.

§ 1º. A sessão solene do Órgão Especial do Colégio de Procuradores de Justiça será designada dentro de 30 (trinta) dias, a contar da publicação do ato de nomeação no Diário Oficial, podendo o prazo ser prorrogado por igual tempo, havendo motivo de força maior, a critério do Procurador-Geral de Justiça.

§ 2º. Não podendo comparecer à sessão solene do Órgão Especial do Colégio de Procuradores de Justiça, por motivo justificado, o nomeado poderá tomar posse, em 30 (trinta) dias, no Gabinete da Procuradoria-Geral de Justiça.

§ 3º. É condição indispensável para a posse ter o nomeado aptidão física e psíquica comprovada por exame médico realizado nos termos do art. 62, §§ 1º e 2º, desta lei complementar.

- *§ 3º com redação dada pela Lei Complementar nº 1.155, de 26.10.2011.*

§ 4º. No ato da posse o candidato nomeado deverá apresentar declaração de seus bens.

Art. 127. Os empossados deverão entrar em exercício imediatamente, fazendo a devida comunicação ao Procurador-Geral de Justiça.

Capítulo III – Do Vitaliciamento

Art. 128. Nos dois primeiros anos de exercício do cargo, o membro do Ministério Público terá seu trabalho e sua conduta avaliados pelos Órgãos de Administração Superior do Ministério Público para fins de vitaliciamento.

Parágrafo único. Durante o período previsto neste artigo, o membro do Ministério Público remeterá à Corregedoria-Geral do Ministério Público cópias de trabalhos jurídicos, relatórios de suas atividades e peças que possam influir na avaliação de seu desempenho funcional.

Art. 129. O Corregedor-Geral do Ministério Público, 2 (dois) meses antes de decorrido o biênio, remeterá ao Conselho Superior do Ministério Público e ao Órgão Especial do Colégio de Procuradores de Justiça, relatório circunstanciado sobre a atuação pessoal e funcional dos membros do Ministério Público em estágio probatório, concluindo, fundamentadamente, pelo seu vitaliciamento ou não.

§ 1º. Se a conclusão do relatório for contra o vitaliciamento, suspende-se, até definitivo julgamento, o exercício funcional do membro do Ministério Público em estágio probatório.

§ 2º. Os membros do Conselho Superior do Ministério Público e do Órgão Especial do Colégio de Procuradores de Justiça poderão impugnar, no prazo de 15 (quinze) dias a contar do recebimento do relatório do Corregedor-Geral do Ministério Público, por escrito e motivadamente, a proposta de vitaliciamento, caso em que se aplica o disposto no parágrafo anterior.

§ 3º. O Corregedor-Geral do Ministério Público, observado o disposto neste artigo, excepcionalmente poderá propor ao Conselho Superior do Ministério Público o não vitaliciamento de Promotor de Justiça antes do prazo nele previsto, aplicando-se, também neste caso, o disposto no seu § 1º.

Art. 130. Se a conclusão do relatório do Corregedor-Geral do Ministério Público for desfavorável ao vitaliciamento ou se for apresentada a impugnação de que cuida o § 2º do artigo anterior, o Conselho Superior do Ministério Público ouvirá, no prazo de 10 (dez) dias, o Promotor interessado, que poderá apresentar defesa prévia e requerer provas nos 5 (cinco) dias seguintes, pessoalmente ou por procurador.

§ 1º. Encerrada a instrução, o interessado terá vista dos autos para alegações finais pelo prazo de 10 (dez) dias.

§ 2º. Na primeira reunião ordinária subsequente, o Conselho Superior do Ministério Público decidirá pelo voto da maioria absoluta dos seus membros.

§ 3º. Da decisão contrária ao vitaliciamento caberá recurso do interessado ao Órgão Especial do Colégio de Procuradores de Justiça, no prazo de 10 (dez) dias contados de sua intimação, que será processado na forma de seu Regimento Interno.

§ 4º. A intimação do interessado e de seu procurador, quando houver, será pessoal ou, havendo motivo justificado, por publicação no Diário Oficial do Estado.

§ 5º. Da decisão favorável ao vitaliciamento e contrária ao relatório do Corregedor-Geral do Ministério Público, caberá recurso deste ao Órgão Especial do Colégio de Procuradores de Justiça nos termos do § 3º deste artigo.

Art. 131. O Conselho Superior do Ministério Público terá o prazo máximo de 60 (sessenta) dias para decidir sobre o não vitaliciamento e o Órgão Especial do Colégio de Procuradores de Justiça 30 (trinta) dias para decidir eventual recurso.

§ 1º. Durante a tramitação do procedimento de impugnação, o membro do Ministério Público perceberá vencimentos integrais, contando-se para todos os efeitos o tempo de suspensão do exercício funcional, no caso de vitaliciamento.

§ 2º. Transitada em julgado a decisão desfavorável ao vitaliciamento, o Promotor de Justiça será exonerado por ato do Procurador-Geral de Justiça.

Capítulo IV – Das Formas de Provimento Derivado

Seção I – Disposição Geral

Art. 132. São formas de provimento derivado dos cargos do Ministério Público:

a) promoção;

b) remoção;

c) reintegração;

d) reversão;

e) aproveitamento.

Seção II – Da Promoção

Art. 133. A promoção será sempre voluntária e far-se-á, alternadamente, por antiguidade e merecimento, do cargo da investidura inicial à entrância inicial, de uma para outra entrância e, da entrância mais elevada, para o cargo de Procurador de Justiça.

Art. 134. O merecimento será apurado pela atuação do membro do Ministério Público em toda a carreira e para sua aferição o Conselho Superior do Ministério Público levará em conta:

I – a conduta do membro do Ministério Público na sua vida pública e particular e o conceito de que goza na comarca;

II – a operosidade e a dedicação no exercício do cargo;

III – presteza e segurança nas suas manifestações processuais;

IV – a eficiência no desempenho de suas funções, verificada através das referências dos Procuradores de Justiça em sua inspeção permanente, dos elogios insertos em julgados dos Tribunais, da publicação de trabalhos forenses de sua autoria e das observações feitas em correições e visitas de inspeção;

V – o número de vezes que já tenha participado de listas de promoção ou remoção;

VI – a frequência e o aproveitamento em cursos oficiais, ou reconhecidos, de aperfeiçoamento;

VII – o aprimoramento de sua cultura jurídica, através da publicação de livros, teses, estudos, artigos e obtenção de prêmios relacionados com sua atividade funcional;

VIII – a atuação em Comarca que apresente particular dificuldade para o exercício das funções;

IX – a participação nas atividades da Promotoria de Justiça a que pertença e a contribuição para a execução dos Programas de Atuação e Projetos Especiais.

Art. 135. A antiguidade será apurada na entrância ou no cargo quando se tratar de investidura inicial.

§ 1º. Para os fins deste artigo considerar-se-ão as alterações ocorridas no Quadro Geral de Antiguidade até o encerramento do prazo das inscrições, decorrentes de promoção, remoção, aposentadoria e disponibilidade.

§ 2º. Ocorrendo empate na classificação por antiguidade, terá preferência sucessivamente:

a) o mais antigo na carreira do Ministério Público;

b) o mais antigo na entrância anterior;

c) o de maior tempo de serviço público estadual;

d) o que tiver maior número de filhos;

e) o mais idoso.

§ 3º. O desempate entre Promotores de Justiça em cargo de investidura inicial com o mesmo tempo de exercício far-se-á segundo a classificação obtida no concurso de ingresso.

Seção III – Da Remoção

Art. 136. A remoção far-se-á sempre para cargo de igual entrância e poderá ser voluntária, compulsória ou por permuta.

Art. 137. A remoção voluntária dar-se-á alternadamente, por antiguidade e merecimento, aplicando-se-lhe, no que couber, o disposto na Seção anterior.

Art. 138. A remoção compulsória somente poderá ser efetuada com fundamento no interesse público e será iniciada por representação do Procurador-Geral de Justiça ou do Corregedor-Geral do Ministério Público, cabendo a sua instrução à Comissão Processante Permanente, observados os princípios do contraditório e da ampla defesa, que encaminhará relatório conclusivo para deliberação do Conselho Superior do Ministério Público, na forma do seu Regimento Interno.

- *Art. 138, caput, com redação dada pela Lei Complementar nº 1.147, de 6.9.2011.*

§ 1º. O representante, ou membro por ele indicado, poderá acompanhar os trabalhos da Comissão Processante Permanente, requerer a produção de provas e recorrer ao Órgão Especial do Colégio de Procuradores de Justiça contra a decisão do Conselho Superior do Ministério Público, dentro do prazo de 10 (dez) dias, contados da intimação da decisão.

- *§ 1º acrescido pela Lei Complementar nº 1.147, de 6.9.2011.*

§ 2º. Recebido o recurso, o Conselho Superior do Ministério Público intimará a parte contrária para, no prazo de 10 (dez) dias, apresentar contrarrazões. Decorrido o prazo, com ou sem elas, encaminhará os autos ao Órgão Especial do Colégio de Procuradores de Justiça.

- *§ 2º acrescido pela Lei Complementar nº 1.147, de 6.9.2011.*

§ 3º. Fica sujeita ao reexame necessário do Órgão Especial do Colégio de Procuradores de Justiça a decisão do Conselho Superior do Ministério Público que, divergindo das conclusões do relatório da Comissão Processante Permanente, for mais benéfica ao representado.

- *§ 3º acrescido pela Lei Complementar nº 1.147, de 6.9.2011.*

§ 4º. O membro do Ministério Público removido compulsoriamente fica impedido, pelo prazo de 2 (dois) anos, de postular remoção por permuta.

- *§ 4º, primitivo § 1º, renumerado pela Lei Complementar nº 1.147, de 6.9.2011.*

§ 5º. A remoção compulsória não confere direito a ajuda de custo.

- *§ 5º, primitivo § 2º, renumerado pela Lei Complementar nº 1.147, de 6.9.2011.*

Art. 139. A remoção por permuta entre membros do Ministério Público dependerá de pedido escrito e conjunto, formulado por ambos os pretendentes, observado o disposto no art. 145 desta Lei Complementar.

§ 1º. A remoção por permuta poderá ser indeferida pelo Conselho Superior do Ministério Público por motivo de interesse público.

§ 2º. A renovação de remoção por permuta só será permitida após o decurso de dois anos.

§ 3º. A remoção por permuta não confere direito a ajuda de custo.

Seção IV – Da Reintegração

Art. 140. A reintegração, que decorrerá de sentença transitada em julgado ou de decisão definitiva em processo administrativo, é o retorno do membro do Ministério Público ao cargo, com ressarcimento dos vencimentos e vantagens deixados de perceber em razão do afastamento, inclusive a contagem do tempo de serviço.

§ 1º. Achando-se provido o cargo no qual será reintegrado o membro do Ministério Público, o seu ocupante passará à disponibilidade, até posterior aproveitamento.

§ 2º. O membro do Ministério Público reintegrado será submetido a inspeção médica e, se considerado incapaz, será aposentado compulsoriamente, com as vantagens a que teria direito se efetivada a reintegração.

Seção V – Da Reversão

Art. 141. A reversão dar-se-á na entrância em que se aposentou o membro do Ministério Público, em vaga a ser provida pelo critério de merecimento, observado o disposto nos arts. 153 e 154, desta Lei Complementar.

Seção VI – Do Aproveitamento

Art. 142. O aproveitamento é o retorno do membro do Ministério Público em disponibilidade ao exercício funcional.

§ 1º. O membro do Ministério Público será aproveitado em cargo com funções de execução iguais ou assemelhadas às daquele que ocupava quando posto em disponibilidade, salvo se aceitar outro de igual entrância ou categoria, ou se for promovido.

§ 2º. Ao retornar à atividade, será o membro do Ministério Público submetido a inspeção médica e, se julgado incapaz, será aposentado compulsoriamente, com as vantagens a que teria direito se efetivado o seu retorno.

Capítulo V – Do Concurso de Promoção e Remoção

Art. 143. O Conselho Superior do Ministério Público, tendo em vista as necessidades e o interesse do serviço, deliberará:

I – em se tratando de vaga única, se o provimento do cargo dar-se-á por promoção ou remoção, observada a alternância dos critérios de merecimento e antiguidade;

II – em se tratando de vagas simultâneas, quais serão providas por promoção e por remoção, fixando, a seguir, os critérios de antiguidade e merecimento para cada caso.

§ 1º. A deliberação de que trata este artigo deverá ser tomada no prazo máximo de 30 (trinta) dias a contar da ocorrência da vaga.

§ 2º. Ocorrendo situações especiais, em consequência do número de vagas existentes no Quadro do Ministério Público, o prazo para deliberação previsto no parágrafo anterior poderá ser prorrogado pelo Conselho Superior do Ministério Público, mediante decisão fundamentada.

Art. 144. Cumprido o disposto no artigo anterior, o Presidente do Conselho Superior do Ministério Público, nos 3 (três) dias subsequentes, expedirá edital com prazo de 10 (dez) dias para inscrição dos candidatos.

Parágrafo único. O edital mencionará se a promoção ou a remoção se fará pelo critério de merecimento ou antiguidade e indicará o cargo correspondente à vaga a ser preenchida.

Art. 145. A inscrição para o concurso de promoção ou remoção só será admitida se o candidato estiver com os serviços em dia e não tiver dado causa a adiamento de audiência no período de 12 (doze) meses anteriores ao pedido e assim o declarar no requerimento.

Parágrafo único. Caso não preencha os requisitos deste artigo, o candidato poderá apresentar justificativa ao Conselho Superior do Ministério Público, que deliberará sobre a admissibilidade da inscrição.

Art. 146. Encerrado o prazo de inscrições, a lista dos inscritos será afixada em local visível e publicada no Diário Oficial, concedendo-se prazo de 3 (três) dias para impugnações, reclamações e desistências.

Art. 147. Findo o prazo para impugnações, reclamações e desistências, o Conselho Superior do Ministério Público, em sua primeira reunião, indicará 3 (três) nomes, quando se tratar de promoção ou remoção por merecimento.

§ 1º. A lista de merecimento será formada com os nomes dos três candidatos mais votados, desde que obtida maioria dos votos, procedendo-se, para alcançá-la, a tantas votações quantas necessárias, examinados em primeiro lugar os nomes dos remanescentes de lista anterior.

§ 2º. Somente poderão ser indicados os candidatos que:

a) não tenham sofrido pena disciplinar ou remoção compulsória no período de 1 (um) ano, anterior à elaboração da lista;

b) não tenham sido removidos por permuta no período de 6 (seis) meses anteriores à elaboração da lista;

c) tenham completado 2 (dois) anos de exercício no cargo anterior e estejam classificados no primeiro quinto da lista de antiguidade, salvo se não houver com tais requisitos outro candidato ou quando o número limitado de inscritos inviabilizar a formação de lista tríplice e o interesse do serviço exigir o imediato provimento do cargo.

Art. 148. Na formação da lista tríplice será observado o número de votos de cada candidato, pela ordem dos escrutínios, prevalecendo, em caso de empate, a antiguidade na entrância, salvo se o Conselho Superior do Ministério Público delegar ao Procurador-Geral de Justiça voto de desempate.

Parágrafo único. Será obrigatória a indicação do Promotor de Justiça que tenha figurado por três vezes consecutivas ou cinco alternadas em lista de merecimento, não se aplicando nesse caso o disposto no *caput* deste artigo.

Art. 149. É obrigatória a promoção ou a remoção do Promotor de Justiça que figure por três vezes consecutivas ou cinco alternadas em lista de merecimento.

§ 1º. A consecutividade só se considerará interrompida se o candidato der causa, direta ou indiretamente, a sua não indicação.

§ 2º. Consideram-se distintas as indicações procedidas na mesma reunião.

Art. 150. O Conselho Superior do Ministério Público poderá recusar, pelo voto de dois terços de seus integrantes, a promoção ou remoção por antiguidade, com fundamento no interesse do serviço, repetindo-se a votação até fixar-se a indicação, após o julgamento de eventual recurso pelo Órgão Especial do Colégio de Procuradores de Justiça.

Parágrafo único. A recusa apenas impede o provimento imediato daquela única ou da primeira das vagas para as quais eventualmente tenha se inscrito o candidato recusado.

Art. 151. Não podem concorrer à promoção e remoção por merecimento os Promotores de Justiça afastados da carreira e os que tenham a ela regressado há menos de 6 (seis) meses, salvo a hipótese do afastamento previsto no inciso IV, do art. 217, desta Lei Complementar.

Parágrafo único. O tempo de afastamento por disponibilidade decorrente de punição não será computado para efeito de promoção ou remoção.

Art. 152. Serão providos exclusivamente pelo critério de remoção os cargos integrantes de Promotorias de Justiça na Comarca da Capital.

Capítulo VI – Dos Requisitos da Reversão

Art. 153. A reversão à carreira do Ministério Público, a critério de sua Administração Superior, poderá ser concedida, desde que atendidos os seguintes requisitos:

I – no caso de aposentadoria voluntária por tempo de serviço:

a) não estar o interessado aposentado há mais de um ano;

b) estar apto física e mentalmente para o exercício das funções;

II – no caso de aposentadoria compulsória por invalidez, se não mais subsistirem as razões da incapacitação.

Parágrafo único. A aptidão física e psíquica, bem como a cessação das razões da incapacitação, deverão ser comprovadas através de laudo do Departamento Médico do Serviço Civil do Estado, realizado por requisição do Ministério Público.

Art. 154. O pedido de reversão, devidamente instruído, será dirigido ao Procurador-Geral de Justiça, que o encaminhará ao Conselho Superior do Ministério Público, para deliberação.

Capítulo VII – Da Opção

Art. 155. A elevação da entrância da Comarca não acarreta a promoção do respectivo Promotor de Justiça, ficando-lhe apenas assegurado o direito de perceber a diferença de vencimentos.

§ 1º. Quando promovido, o Promotor de Justiça de Comarca, cuja entrância tiver sido elevada, poderá requerer, no prazo de 10 (dez) dias, que sua promoção se efetive na Comarca onde se encontre, ouvido o Conselho Superior do Ministério Público.

§ 2º. A opção será motivadamente indeferida, se contrária aos interesses do serviço.

§ 3º. O disposto neste artigo não se aplica em caso de reclassificação de todas as comarcas da mesma entrância, caso em que o Procurador-Geral de Justiça expedirá os atos necessários para as adequações legais.

Art. 156. Deferida a opção, o Procurador-Geral de Justiça expedirá novo ato de promoção e tornará sem efeito o anterior, contando-se da publicação da promoção revogada a antiguidade na entrância, seguindo-se novo concurso para provimento do cargo que então se vagar.

Capítulo VIII – Da Perda do Cargo e da Cassação da Aposentadoria ou da Disponibilidade

Art. 157. O membro vitalício do Ministério Público somente perderá o cargo ou terá cassada a aposentadoria ou disponibilidade por sentença judicial transitada em julgado, proferida em ação civil própria nos seguintes casos:

I – prática de crime incompatível com o exercício do cargo, após decisão judicial transitada em julgado;

II – exercício da advocacia, salvo se aposentado;

III – abandono do cargo por prazo superior a trinta dias corridos.

Parágrafo único. Para os fins previstos no inciso I deste artigo, consideram-se incompatíveis com o exercício do cargo, dentre outros, os crimes contra a administração e a fé pública e os que importem lesão aos cofres públicos, dilapidação do patrimônio público ou de bens confiados a sua guarda.

Art. 158. A ação civil para a decretação da perda do cargo, da cassação da aposentadoria ou da disponibilidade será proposta pelo Procurador-Geral de Justiça perante o Tribunal de Justiça do Estado, após autorização do Órgão Especial do Colégio de Procuradores de Justiça, na forma prevista nesta Lei Complementar.

Parágrafo único. Por motivo de interesse público, o Conselho Superior do Ministério Público poderá determinar, pelo voto de 2/3 (dois terços) de seus integrantes, o afastamento cautelar do membro do Ministério Público, antes ou durante o curso da ação, sem prejuízo de seus vencimentos.

Art. 159. O membro não vitalício do Ministério Público estará sujeito às penas de demissão, cassação da aposentadoria ou da disponibilidade, impostas em processo administrativo no qual lhe será assegurada ampla defesa, nos mesmos casos previstos no art. 157, desta Lei Complementar, sem prejuízo do não vitaliciamento, quando for o caso.

Parágrafo único. Instaurado o processo administrativo disciplinar, o membro do Ministério Público não vitalício ficará automaticamente suspenso do exercício funcional, até definitivo julgamento, sem prejuízo dos vencimentos.

Capítulo IX – Da Exoneração e da Aposentadoria

Art. 160. A exoneração será concedida ao membro do Ministério Público desde que não esteja sujeito a processo administrativo ou judicial e observe, no pedido, o disposto no art. 145 desta Lei Complementar.

Art. 161. O membro do Ministério Público será aposentado, com proventos integrais, compulsoriamente, por invalidez ou aos setenta anos de idade, e, facultativamente, aos trinta anos de serviço, após cinco anos de efetivo exercício na carreira.

Capítulo X – Da Disponibilidade

Art. 162. Em caso de extinção do órgão de execução, da Comarca ou mudança da sede da Promotoria de Justiça, será facultado ao Promotor de Justiça remover-se para outra Promotoria de igual entrância ou categoria, ou obter a disponibilidade com vencimentos integrais e a contagem do tempo de serviço como se estivesse em exercício.

Art. 163. O membro vitalício do Ministério Público também poderá, por interesse público, ser posto em disponibilidade por deliberação do Conselho Superior do Ministério Público, na forma do seu Regimento Interno, mediante processo que terá início mediante representação do Corregedor-Geral do Ministério Público e será instruído pela Comissão Processante Permanente, observados os princípios do contraditório e da ampla defesa, dentre outras, nas seguintes hipóteses:

- *Art. 163, caput, com redação dada pela Lei Complementar nº 1.147, de 6.9.2011.*

I – escassa ou insuficiente capacidade de trabalho;

II – conduta incompatível com o exercício do cargo, consistente em abusos, erros ou omissões que comprometam o membro do Ministério Público para o exercício do cargo, ou acarretem prejuízo ao prestígio ou à dignidade da Instituição.

§ 1º. O representante, ou membro por ele indicado, poderá acompanhar os trabalhos da Comissão Processante Permanente, requerer a produção de provas e recorrer ao Órgão Especial do Colégio de Procuradores de Justiça contra a decisão do Conselho Superior do Ministério Público, dentro do prazo de 10 (dez) dias, contados da intimação da decisão.

- *§ 1º acrescido pela Lei Complementar nº 1.147, de 6.9.2011.*

§ 2º. Recebido o recurso, o Conselho Superior intimará a parte contrária para, no prazo de 10 (dez) dias, apresentar contrarrazões. Decorrido o prazo, com ou sem elas, encaminhará os autos ao Órgão Especial do Colégio de Procuradores de Justiça.

- *§ 2º acrescido pela Lei Complementar nº 1.147, de 6.9.2011.*

§ 3º. Fica sujeita ao reexame necessário do Órgão Especial do Colégio de Procuradores de Justiça a decisão do Conselho Superior do Ministério Público que, divergindo das conclusões do relatório da Comissão Processante Permanente, for mais benéfica ao representado.

- *§ 3º acrescido pela Lei Complementar nº 1.147, de 6.9.2011.*

§ 4º. Na disponibilidade prevista neste artigo, serão garantidos ao membro do Ministério Público vencimentos proporcionais ao tempo de serviço, assegurada no mínimo uma terça parte dos seus vencimentos.

- *§ 4º, primitivo § 1º, renumerado pela Lei Complementar nº 1.147, de 6.9.2011.*

§ 5º. O Conselho Superior do Ministério Público, a requerimento do interessado, decorridos cinco anos do termo inicial da disponibilidade, examinará a ocorrência, ou não, da cessação do motivo de interesse público que a determinou.

- *§ 5º, primitivo § 2º, renumerado pela Lei Complementar nº 1.147, de 6.9.2011.*

Art. 164. O membro do Ministério Público em disponibilidade remunerada continuará sujeito às vedações constitucionais e será classificado em quadro especial, provendo-se a vaga que ocorrer.

TÍTULO II
DAS SUBSTITUIÇÕES

Art. 165. Os membros do Ministério Público são substituídos:

I – uns pelos outros, automaticamente, conforme escala homologada pelo Procurador-Geral de Justiça;

II – por Promotor de Justiça Substituto, conforme o caso, designado pelo Procurador-Geral de Justiça;

III – (revogado);

- *Inciso III revogado pela Lei Complementar nº 981, de 21.12.2005.*

IV – por Promotor de Justiça designado pelo Procurador-Geral de Justiça para exercício cumulativo de atribuições, quando a substituição não puder ser feita de outra forma;

V – por Promotor de Justiça lotado na mesma comarca, mas cujo cargo não integre nenhuma Promotoria de Justiça, mediante designação do Procurador-Geral de Justiça.

§ 1º. Na falta de estipulação de critérios de substituição pelas Promotorias ou Procuradorias de Justiça, caberá ao Procurador-Geral de Justiça a designação.

§ 2º. Nas Sedes das Circunscrições Judiciárias, os respectivos Promotores de Justiça Substitutos, independentemente de designação, substituirão os titulares, nos casos de falta e impedimentos ocasionais.

Art. 166. Dar-se-á a substituição automática:

I – no caso de suspeição ou impedimento, declarado pelo membro do Ministério Público ou contra ele reconhecido;

II – no caso de falta ao serviço;

III – quando o membro do Ministério Público, em razão de férias individuais, licença ou qualquer afastamento, deixar o exercício do cargo antes da chegada do seu substituto.

§ 1º. O membro do Ministério Público deverá providenciar sua substituição automática, comunicando a ocorrência ao substituto legal, ao Procurador-Geral de Justiça e ao Juiz de Direito da Comarca.

§ 2º. Se, nos termos do parágrafo anterior, não for cientificado, o Juiz de Direito poderá fazer a comunicação ali prevista, para o efeito da substituição automática.

§ 3º. Cessam as funções do membro do Ministério Público que estiver exercendo a substituição automática, no caso do inciso I, deste artigo, quando apresentar-se o designado; e, nos casos dos incisos II e III, com a apresentação do substituído, do designado ou do convocado.

§ 4º. O membro do Ministério Público que passar a exercer a substituição automática deverá comunicar o fato, imediatamente, ao Procurador-Geral de Justiça.

Art. 167. (Revogado).

- *Art. 167 revogado pela Lei Complementar nº 981, de 21.12.2005.*

Art. 168. (Revogado).

- *Art. 168 revogado pela Lei Complementar nº 981, de 21.12.2005.*

TÍTULO III
DOS DEVERES, PROIBIÇÕES, IMPEDIMENTOS, INFRAÇÕES DISCIPLINARES, DIREITOS, GARANTIAS E PRERROGATIVAS ESPECÍFICOS DO MINISTÉRIO PÚBLICO

Capítulo I – Dos Deveres, Proibições e Impedimentos

Art. 169. São deveres funcionais dos membros do Ministério Público, além de outros previstos na Constituição e na lei:

I – manter, pública e particularmente, conduta ilibada e compatível com o exercício do cargo;

II – zelar pelo prestígio da Justiça, por suas prerrogativas e pela dignidade de suas funções;

III – zelar pelo respeito aos membros do Ministério Público, aos Magistrados e Advogados;

IV – tratar com urbanidade as partes, testemunhas, funcionários e auxiliares da Justiça;

V – desempenhar com zelo e presteza as suas funções, praticando os atos que lhe competir;

VI – declarar-se suspeito ou impedido, nos termos da lei;

VII – indicar os fundamentos jurídicos de seus pronunciamentos processuais, lançando, identificadamente, o seu parecer ou requerimento;

VIII – observar as formalidades legais no desempenho de sua atuação funcional;

IX – não exceder, sem justo motivo, os prazos processuais previstos em lei;

X – resguardar o sigilo sobre o conteúdo de documentos ou informações obtidos em razão do cargo ou função e que, por força de lei, tenham caráter sigiloso;

XI – guardar segredo sobre assunto de caráter sigiloso que conheça em razão do cargo ou função;

XII – adotar, nos limites de suas atribuições, as providências cabíveis em face das irregularidades de que tenha conhecimento ou que ocorram nos serviços a seu cargo;

XIII – comparecer diariamente à Promotoria e nela permanecer durante o horário normal de expediente, salvo nos casos em que tenha de proceder a diligências indispensáveis ao exercício de sua função;

XIV – atender ao expediente forense normal ou nos períodos de plantão, participando das audiências e demais atos judiciais quando obrigatória ou conveniente a sua presença, salvo nos casos em que tenha de proceder a diligências indispensáveis ao exercício de sua função, quando deverá providenciar a necessária substituição;

XV – atender aos interessados, a qualquer momento, nos casos urgentes;

XVI – dar atendimento e orientação jurídica aos necessitados;

XVII – residir, se titular, na respectiva Comarca, salvo autorização expressa do Procurador-Geral de Justiça, em caso de justificada e relevante razão, após ouvido o Conselho Superior do Ministério Público;

XVIII – atender, com presteza, à solicitação de membros do Ministério Público, para acompanhar atos judiciais ou diligências que devam realizar-se na área em que exerçam suas atribuições;

XIX – acatar, no plano administrativo, as decisões e atos normativos dos órgãos da Administração Superior do Ministério Público;

XX – prestar informações solicitadas ou requisitadas pelos órgãos da Instituição;

XXI – exercer permanente fiscalização sobre os servidores subordinados;

XXII – comparecer às reuniões dos órgãos colegiados da Instituição aos quais pertencer, bem como às reuniões dos órgãos de execução que componha, salvo por motivo justo;

XXIII – exercer o direito de voto, desde que obrigatório, nas eleições previstas nesta lei, salvo motivo de força maior;

XXIV – providenciar a sua substituição automática nos casos do art. 166 desta Lei Complementar e fazer as respectivas comunicações.

Art. 170. Aos membros do Ministério Público é vedado:

I – receber, a qualquer título e sob qualquer pretexto, honorários, percentagens ou custas processuais;

II – exercer a advocacia;

III – exercer o comércio ou participar de sociedade comercial, exceto como quotista ou acionista;

IV – exercer, ainda que em disponibilidade, qualquer outra função pública, salvo uma de Magistério;

V – exercer atividade político-partidária, ressalvada a filiação e as exceções previstas em lei.

- ***ADI STF nº 2.084 de 13.10.1999*** *– Objeto: inciso V do art. 170 da Lei Complementar nº 734, de 1993, segundo a qual a filiação partidária de representante do Ministério Público do Estado-membro somente pode ocorrer na hipótese de afastamento de Promotor ou Procurador de Justiça de suas funções institucionais, mediante licença, nos termos da Lei. (...). Decisão unânime. Plenário, 2.8.2001 (DOU-I 16.8.2001)*

Parágrafo único. Não constituem acumulação, para os efeitos do inciso IV deste artigo, as atividades exercidas em organismos estatais afetos à área de atuação do Ministério Público, em Centro de Estudos e Aperfeiçoamento do Ministério Público, em entidades de representação de classe e o *[exercício de cargo ou função de confiança na Administração Superior]** e junto aos Órgãos de Administração ou Auxiliares do Ministério Público.

- ***ADI STF nº 2.084 de 13.10.1999*** *– (...) Relativamente ao parágrafo único do art. 170, também por unanimidade, o Tribunal julgou procedente, em parte, o pedido formulado para emprestar interpretação conforma à Constituição, segundo a qual o exercício de cargo ou função de confiança na Administração Superior, diz respeito à Administração do Ministério Público Estadual, (...). Decisão unânime. Plenário, 2.8.2001 (DOU-I 16.8.2001) – [*]* Expressão declarada inconstitucional.

Art. 171. Os membros do Ministério Público estão impedidos de servir conjuntamente com Juiz ou Escrivão que seja seu ascendente ou descendente, cônjuge, sogro ou genro, irmão ou cunhado, durante o cunhadio, tio, sobrinho ou primo.

Art. 172. O membro do Ministério Público, dando-se por suspeito ou impedido, deverá comunicar motivadamente o fato ao Procurador-Geral de Justiça, observando o disposto no art. 166 desta Lei Complementar.

Capítulo II – Das Infrações Disciplinares

Art. 173. Constituem infrações disciplinares:

I – violação de vedação constitucional ou legal;

II – acumulação proibida de cargo ou função pública;

III – abandono de cargo por prazo superior a 30 (trinta) dias;

IV – lesão aos cofres públicos, dilapidação do patrimônio público ou de bens confiados à sua guarda;

V – cometimento de crimes contra a administração e a fé pública;

VI – descumprimento de dever funcional previsto no art. 169 desta Lei Complementar;

VII – fazer declaração falsa a respeito das matérias referidas nos arts. 145 e 204, § 1º, alínea "a", desta Lei Complementar.

Capítulo III – Dos Direitos

Seção I – Dos Vencimentos

Art. 174. Os vencimentos e vantagens dos membros do Ministério Público são estabelecidos em lei, de iniciativa do Procurador-Geral de Justiça.

Art. 175. Os vencimentos do Procurador-Geral de Justiça, para efeito do disposto no § 1°, do art. 39, da Constituição Federal, guardarão equivalência com os vencimentos dos Desembargadores do Tribunal de Justiça.

- ***Constituição Federal:***

Art. 39. A União, os Estados, o Distrito Federal e os Municípios instituirão, no âmbito de sua competência, regime jurídico único e planos de carreira para os servidores da administração pública direta, das autarquias e das fundações públicas.

- *O caput do art. 39 teve redação dada pela Emenda Constitucional n° 19, de 4.6.1998 e eficácia suspensa por força da ADIn n° 2.135-4 (DJ de 7.3.2008), mantendo-se a redação original do artigo.*

§ 1°. A fixação dos padrões de vencimento e dos demais componentes do sistema remuneratório observará:

I – a natureza, o grau de responsabilidade e a complexidade dos cargos componentes de cada carreira;

II – os requisitos para a investidura;

III – as peculiaridades dos cargos. (...)

- *§ 1° com redação dada pela Emenda Constitucional n° 19, de 4.6.1998.*
- *V. Leis n° 8.448, de 21.7.1992 e n° 8.852, de 4.2.1994 que regulamenta e dispõe sobre a aplicação deste § 1°.*

Art. 176. Os vencimentos dos membros do Ministério Público serão fixados com diferença não excedente de 10% (dez por cento) de uma para outra entrância, ou da entrância mais elevada para o cargo de Procurador-Geral de Justiça.

Art. 177. Os Procuradores de Justiça perceberão vencimentos iguais aos atribuídos ao Procurador-Geral de Justiça.

Art. 178. Sem prejuízo do disposto no art. 174 desta Lei Complementar, os vencimentos dos membros do Ministério Público serão automaticamente reajustados nas mesmas datas em que se der a revisão dos vencimentos, a qualquer título, do funcionalismo estadual.

Parágrafo único. O reajuste não poderá ser inferior ao percentual de incremento, no mesmo período, da folha de pagamento do funcionalismo público estadual, considerados os índices nominais de reajuste dos vencimentos das diversas categorias, concedidos a qualquer título.

Art. 179. A remuneração dos membros do Ministério Público observará, como limite máximo, os valores percebidos como remuneração, em espécie, a qualquer título, ressalvadas as vantagens de caráter individual e as relativas à natureza e ao local do trabalho, a do Procurador-Geral de Justiça.

Art. 180. O membro do Ministério Público, designado para substituição, terá direito à diferença de vencimento entre o seu cargo e o que ocupar.

- ***Art. 180, caput, com redação dada pela Lei Complementar n° 981, de 21.12.2005.***

Parágrafo único. O disposto neste artigo não se aplica à hipótese de designação de Promotor de Justiça Substituto.

Seção II – Das Demais Vantagens Pecuniárias

Art. 181. Além dos vencimentos, poderão ser outorgadas, aos membros do Ministério Público, nos termos da lei, as seguintes vantagens:

I – décimo terceiro salário;

II – sexta-parte dos vencimentos;

III – ajuda de custo, apenas para despesas de transporte e mudança, em virtude de alteração de sede de exercício, por promoção ou remoção;

IV – auxílio-moradia nas Comarcas em que não haja residência oficial condigna para o membro do Ministério Público;

V – salário-família;

VI – diárias;

VII – verba de representação de Ministério Público;

VIII – gratificação pela prestação de serviço à Justiça Eleitoral, equivalente àquela devida ao Magistrado ante o qual oficiar;

IX – gratificação pela prestação de serviço à Justiça do Trabalho, nas Comarcas em que não haja Junta de Conciliação e Julgamento;

X – gratificação adicional por ano de serviço, incidente sobre o vencimento básico e a verba de representação, observado o disposto no § 3º deste artigo e no inciso XIV, do art. 37, da Constituição Federal;

- ***Constituição Federal:***

Art. 37. A administração pública direta e indireta de qualquer dos Poderes da União, dos Estados, do Distrito Federal e dos Municípios obedecerá aos princípios de legalidade, impessoalidade, moralidade, publicidade e eficiência e, também, ao seguinte: (...)

- *Art. 37, caput, com redação dada pela Emenda Constitucional nº 19, de 4.6.1998.*

XIV – os acréscimos pecuniários percebidos por servidor público não serão computados nem acumulados para fins de concessão de acréscimos ulteriores; (...)

- *Inciso XIV com redação dada pela Emenda Constitucional nº 19, de 4.6.1998.*

XI – gratificação pelo efetivo exercício em Comarca de difícil provimento, assim definida e indicada em lei ou em ato do Procurador-Geral de Justiça;

XII – gratificação pelo exercício cumulativo de cargos ou funções;

XIII – verba de representação pelo exercício de cargos de direção ou de confiança junto aos órgãos da Administração Superior;

XIV – gratificação de magistério;

XV – auxílio-funeral;

XV-A – ajuda de custo, de natureza indenizatória, por aquisição de obras jurídicas e outros insumos indispensáveis ao exercício das funções pelos membros do Ministério Público, nos termos e limites fixados em ato do Procurador-Geral de Justiça.

- ***Inciso XV-A acrescido pela Lei Complementar nº 1.083, de 17.12.2008.***

XVI – outras vantagens previstas em lei, inclusive as concedidas aos servidores públicos em geral.

§ 1º. Aplicam-se aos membros do Ministério Público os direitos sociais previstos no art. 7º, incisos VIII, XII, XVII, XVIII e XIX, da Constituição Federal.

• ***Constituição Federal:***

Art. 7º. *São direitos dos trabalhadores urbanos e rurais, além de outros que visem à melhoria de sua condição social: (...)*

VIII – décimo-terceiro salário com base na remuneração integral ou no valor da aposentadoria; (...)

XII – salário-família pago em razão do dependente do trabalhador de baixa renda nos termos da lei; (...)

XVII – gozo de férias anuais remuneradas com, pelo menos, um terço a mais do que o salário normal; (...)

XVIII – licença à gestante, sem prejuízo do emprego e do salário, com a duração de cento e vinte dias; (...)

XIX – licença-paternidade, nos termos fixados em lei; (...)

§ 2º. Computar-se-á, para todos os efeitos legais o tempo de exercício da advocacia, até o máximo de quinze anos.

§ 3º. Constitui parcela dos vencimentos, para todos os efeitos, a gratificação de representação de Ministério Público.

§ 4º. A ajuda de custo de que trata o inciso XV-A será disciplinada por ato do Procurador-Geral de Justiça e seu valor anual não poderá exceder a 15% (quinze por cento) do valor correspondente ao subsídio mensal devido ao Promotor de Justiça Substituto.

• ***§ 4º acrescido pela Lei Complementar nº 1.083, de 17.12.2008.***

Art. 182. O décimo terceiro salário será pago com base na remuneração integral ou no valor dos proventos da aposentadoria, pelo seu valor no mês de dezembro de cada ano.

Art. 183. A sexta-parte será devida ao membro do Ministério Público que contar com 20 (vinte) anos de serviço e corresponderá a sexta parte dos vencimentos, incluídos adicionais e verba de representação, integrando-os para todos os efeitos legais, observado o disposto no inciso XIV, do art. 37, da Constituição Federal.

• ***Constituição Federal – Vide nota ao inciso X do art. 181.***

Art. 184. O membro do Ministério Público que, em virtude de promoção ou remoção, passar a ter exercício em nova sede, ali passando a residir em caráter permanente, terá direito, a título de ajuda de custo para compensar as despesas de sua instalação, ao equivalente a 30 (trinta) diárias integrais.

§ 1º. Aplica-se o disposto neste artigo em caso de concessão de afastamento para frequentar curso ou seminário no exterior.

§ 2º. As diárias serão calculadas à razão de um trigésimo do valor dos vencimentos aplicáveis ao cargo da entrância inicial, tomando-se como base aqueles referentes ao mês do pagamento.

Art. 185. O membro do Ministério Público, quando em exercício ou diligência, fora de sua comarca, sede ou circunscrição, terá direito à percepção de diárias integrais, calculadas na forma do § 2º, do artigo anterior, e ao reembolso das despesas de transporte, independentemente de afastamento.

Art. 186. As verbas devidas em razão do disposto nos arts. 184 e 185 desta Lei Complementar serão requisitadas pelo Ministério Público mediante a apresentação de portaria de designação do Procurador-Geral de Justiça, da tabela de substituição automática, da publicação do decreto de promoção ou remoção, ou da comprovação das despesas autorizadas.

Parágrafo único. Feita a requisição, o pagamento deverá ser efetuado no prazo máximo de 30 (trinta) dias, contados da data em que for protocolado o pedido junto à Procuradoria-Geral de Justiça, sendo devida a correspondente correção monetária se excedido este prazo.

Art. 187. O membro do Ministério Público fará jus à gratificação pelo exercício cumulativo de cargo ou funções de execução, devida sempre que não se aplicar o disposto no art. 185 desta Lei Complementar, calculada, por dia de cumulação, à razão de um trigésimo do valor dos vencimentos do cargo ou funções cumulados, não podendo, em qualquer caso, exceder a 50% (cinquenta por cento) dos seus vencimentos.

Parágrafo único. A gratificação pelo efetivo exercício em comarca de difícil provimento corresponderá à diferença total entre os vencimentos do cargo respectivo e os do cargo de entrância imediatamente superior.

Art. 188. Ao Procurador-Geral de Justiça e ao Corregedor-Geral do Ministério Público serão atribuídas gratificações mensais de representação, fixadas em Ato do Procurador-Geral de Justiça.

Parágrafo único. A gratificação do Procurador-Geral de Justiça não poderá ser superior à dos Secretários de Estado.

Art. 189. Ao Chefe do Gabinete da Procuradoria-Geral de Justiça, aos Assessores do Gabinete do Procurador-Geral de Justiça e aos Assessores do Corregedor-Geral do Ministério Público, serão atribuídas gratificações mensais pelo Procurador-Geral de Justiça.

Art. 190. Ao membro do Ministério Público investido em cargos de confiança ou em funções de direção, chefia, coordenação ou assessoramento, junto aos órgãos da Administração Superior e Auxiliares, é devida uma gratificação pelo seu exercício, a ser estabelecida por Ato do Procurador-Geral de Justiça.

Art. 191. As gratificações previstas nos arts. 188, 189 e 190 desta Lei Complementar incorporam-se, para todos os efeitos, à remuneração, integrando inclusive os proventos da aposentadoria, na proporção de 1/5 (um quinto) por ano de exercício na função, até o limite de 5/5 (cinco quintos).

§ 1º. Ocorrendo o exercício de função de nível mais elevado, por período de 12 (doze) meses, e preenchidos os requisitos para a incorporação da fração de 5/5 (cinco quintos), dar-se-á a incorporação pelo valor desta.

§ 2º. Na hipótese de aposentadoria, o prazo de incorporação a que se refere este artigo reduz-se à metade.

Art. 192. A gratificação de magistério será devida ao membro do Ministério Público que for designado para proferir aula no Centro de Estudos e Aperfeiçoamento Funcional ou em entidades com este conveniadas.

Parágrafo único. O valor da hora-aula será equivalente a 1/8 (um oitavo) do valor da diária a que se refere o § 2º, do art. 184 desta Lei Complementar.

Art. 193. A verba de representação e a sexta-parte integram os vencimentos para todos os efeitos legais.

Art. 194. Computar-se-á, para todos os efeitos legais, o tempo de serviço prestado na qualidade de funcionário público, o tempo de atividade privada e o de estagiário de direito.

Art. 195. O membro do Ministério Público fará jus a gratificação pela prestação de serviços de natureza especial, assim definidos em Ato do Procurador-Geral de Justiça.

§ 1º. São considerados serviços de natureza especial, dentre outros, os plantões judiciários em geral, a fiscalização de concursos e a atuação em juizados especiais ou informais.

§ 2º. A gratificação de que trata este artigo corresponderá ao valor de uma diária calculada de conformidade com o previsto no § 2º, do art. 184 desta Lei Complementar.

Art. 196. Ao cônjuge sobrevivente e, em sua falta, aos herdeiros ou dependentes de membro do Ministério Público, ainda que aposentado ou em disponibilidade, será pago auxílio-funeral em importância igual a um mês de vencimentos ou proventos percebidos pelo falecido.

Seção III – Dos Proventos da Aposentadoria e da Pensão por Morte

Art. 197. Os proventos da aposentadoria serão revistos na mesma proporção e na mesma data, sempre que se modificar a remuneração dos membros do Ministério Público em atividade, sendo também estendidos aos inativos quaisquer benefícios ou vantagens posteriormente concedidos àqueles, inclusive quando decorrentes de transformação ou reclassificação do cargo ou função em que se deu a aposentadoria.

Parágrafo único. Os proventos dos membros do Ministério Público aposentados serão pagos na mesma ocasião em que o forem os vencimentos dos membros do Ministério Público em atividade, figurando em folha de pagamento elaborada pelo Ministério Público.

Art. 198. A pensão por morte, igual à totalidade dos vencimentos ou proventos percebidos pelos membros em atividade ou inatividade do Ministério Público, será reajustada na mesma data e proporção daqueles.

Parágrafo único. A pensão obrigatória não impedirá a percepção de benefícios decorrentes de contribuição voluntária para qualquer entidade de previdência.

Art. 199. Os direitos dos membros do Ministério Público aposentados e dos pensionistas serão satisfeitos na mesma ocasião em que o forem os dos membros da ativa.

- *Art. 199 acrescido pela Lei Complementar nº 1.155, de 26.10.2011.*

Art. 199-A. Para os fins deste Capítulo, equipara-se ao cônjuge o companheiro ou a companheira, nos termos da lei.

- *Art. 199-A, primitivo art. 199, renumerado e com redação dada pela Lei Complementar nº 1.155, de 26.10.2011.*

Seção IV – Das Férias

Art. 200. Os membros do Ministério Público terão direito a 60 (sessenta) dias de férias anuais, coletivas ou individuais.

§ 1º. As férias coletivas dos membros do Ministério Público serão gozadas nas épocas fixadas em lei de iniciativa do Poder Judiciário que dispuser sobre as férias coletivas dos Magistrados.

§ 2º. As férias individuais de 30 (trinta) dias não poderão ser fracionadas em parcelas inferiores a 15 (quinze) dias.

Art. 201. O Procurador-Geral de Justiça entrará em gozo de férias após autorização do Órgão Especial do Colégio de Procuradores de Justiça.

Art. 202. Não gozarão férias coletivas, mas terão direito, anualmente, a 60 (sessenta) dias de férias individuais os Procuradores de Justiça e os Promotores de Justiça Substitutos.

Art. 203. O Procurador-Geral de Justiça organizará a escala de férias individuais, conciliando as exigências do serviço com as necessidades dos interessados, consideradas as sugestões que lhe forem remetidas pelas Procuradorias e Promotorias de Justiça.

Art. 204. Ao entrar em gozo de férias e ao reassumir o exercício de seu cargo, o membro do Ministério Público fará as devidas comunicações ao Procurador-Geral de Justiça e ao Corregedor-Geral do Ministério Público.

§ 1º. Da comunicação do início das férias deverão constar:

a) declaração de que os serviços estão em dia; e

b) endereço onde poderá ser encontrado.

§ 2º. A infração ao disposto na alínea "a", do parágrafo anterior, bem como a falsidade da declaração, poderá importar em suspensão das férias, sem prejuízo das penas disciplinares cabíveis.

§ 3º. Se por falta da comunicação do endereço, o membro do Ministério Público não puder ser encontrado, em caso de necessidade do serviço, perderá o direito de solicitação de férias no período seguinte, quer se trate de férias coletivas ou individuais, ficando a cargo do Procurador-Geral de Justiça designar o período, de acordo com as necessidades do serviço.

Art. 205. Por necessidade de serviço, o Procurador-Geral de Justiça poderá indeferir as férias ou determinar que qualquer membro do Ministério Público em férias reassuma imediatamente o exercício de seu cargo.

§ 1º. As férias que, por necessidade do serviço ou qualquer outro motivo justo devidamente comprovado, tiverem seu gozo indeferido, serão indenizadas no mês subsequente ao do indeferimento ou anotadas para gozo oportuno, a requerimento do interessado.

§ 2º. O membro do Ministério Público poderá requerer a conversão das férias em tempo de serviço para todos os efeitos legais.

Art. 206. Independentemente de solicitação, as férias serão remuneradas com acréscimo de 1/3 (um terço) da remuneração global do membro do Ministério Público, referente ao mês do pagamento.

Seção V – Das Licenças

Art. 207. Conceder-se-á licença:

I – para tratamento de saúde;

II – por motivo de doença em pessoa da família, até 30 (trinta) dias;

III – para repouso da gestante, de 120 (cento e vinte) dias;

IV – paternidade, até oito dias;

V – em caráter especial;

VI – para casamento, até oito dias;

VII – por luto, em virtude de falecimento do cônjuge ou companheiro, ascendente, descendente, irmãos, sogros, noras, genros, padrasto e madrasta;

VIII – licença-prêmio, nos termos do art. 211 desta Lei Complementar;

IX – por adoção;

X – em outros casos previstos na lei.

Art. 208. A licença para tratamento de saúde por prazo superior a 30 (trinta) dias, bem como as prorrogações que importem em licença por período ininterrupto, também superior a 30 (trinta) dias, dependem de inspeção médica a ser realizada nos termos do art. 62, §§ 1º e 2º, desta lei complementar.

• *Art. 208 com redação dada pela Lei Complementar nº 1.155, de 26.10.2011.*

Art. 209. O membro do Ministério Público, licenciado para tratamento da própria saúde, perceberá vencimentos integrais e não perderá sua posição na lista de antiguidade.

Art. 210. A licença por luto será de 8 (oito) dias no máximo, sem prejuízo dos vencimentos.

Art. 211. Após cada quinquênio ininterrupto de exercício, o membro do Ministério Público fará jus a 3 (três) meses de licença, a título de prêmio por assiduidade, com a remuneração do cargo.

§ 1º. O período de licença será considerado de efetivo exercício para todos os efeitos legais e não acarretará desconto algum no vencimento ou remuneração.

§ 2º. Nos casos de licença-prêmio, aplicar-se-á o disposto no art. 205 e seus parágrafos desta Lei Complementar, sempre levando-se em conta o valor global da remuneração referente ao mês do pagamento.

§ 3º. Não se concederá licença-prêmio ao membro do Ministério Público que, durante o período aquisitivo:

a) sofrer penalidade disciplinar de suspensão;

b) afastar-se do cargo em virtude de licença sem remuneração.

Art. 212. A licença adoção será concedida, pelo prazo de até 120 (cento e vinte) dias, ao membro do Ministério Público que adotar menor de até 7 (sete) anos de idade ou obtiver judicialmente sua guarda para fins de adoção, sem prejuízo dos vencimentos.

§ 1º. A licença de que trata este artigo terá início na data do evento ou, no caso de solicitação posterior, a partir desta e até o período restante do prazo de 120 (cento e vinte) dias.

§ 2º. Ocorrendo a cessação da guarda do menor, o membro do Ministério Público deverá comunicar imediatamente o fato, cessando, então, a fruição da licença.

§ 3º. Se a licença for concedida com base em termo de guarda do menor, somente poderá ser pleiteada outra licença mediante a comprovação de que a adoção anterior se efetivou.

Art. 213. Conceder-se-á, a critério do Procurador-Geral de Justiça, licença especial, não remunerada, para tratamento de assuntos particulares, pelo prazo máximo de 2 (dois) anos.

Art. 214. O membro do Ministério Público que entrar em gozo de licença fará a comunicação de que trata o art. 204 e seus parágrafos desta Lei Complementar.

Art. 215. As licenças serão concedidas pelo Procurador-Geral de Justiça.

Parágrafo único. As licenças do Procurador-Geral de Justiça serão concedidas pelo Órgão Especial do Colégio de Procuradores de Justiça.

Art. 216. O membro do Ministério Público licenciado não pode exercer nenhuma de suas funções, nem outra função pública ou particular, salvo as exceções previstas nesta Lei Complementar.

Parágrafo único. Salvo contraindicação médica, o membro do Ministério Público licenciado poderá oficiar nos autos que tiver recebido, com vista, antes da licença.

Seção VI – Dos Afastamentos

Art. 217. O membro do Ministério Público poderá afastar-se do cargo para:

I – exercer cargo eletivo, nos termos da legislação pertinente;

II – exercer outro cargo, emprego ou função, de nível equivalente ou superior, observado o art. 29, § 3º, do Ato das Disposições Constitucionais Transitórias, da Constituição Federal;

- ***Constituição Federal – Ato das Disposições Constitucionais Transitórias:***

Art. 29. Enquanto não aprovadas as leis complementares relativas ao Ministério Público e à Advocacia-Geral da União, o Ministério Público Federal, a Procuradoria-Geral da Fazenda Nacional, as Consultorias Jurídicas dos Ministérios, as Procu-

radorias e Departamentos Jurídicos de autarquias federais com representação própria e os membros das Procuradorias das Universidades fundacionais públicas continuarão a exercer suas atividades na área das respectivas atribuições. (...)

§ 3º. Poderá optar pelo regime anterior, no que respeita às garantias e vantagens, o membro do Ministério Público admitido antes da promulgação da Constituição, observando-se, quanto às vedações, a situação jurídica na data desta.

III – frequentar curso ou seminário, no País ou no exterior, de duração máxima de 2 (dois) anos;

IV – exercer cargo de Presidente, 1º Tesoureiro ou 1º Secretário em entidade de representação de classe do Ministério Público que atenda aos seguintes requisitos:

a) ter existência legal superior a 1 (um) ano;

b) possuir pelo menos 500 (quinhentos) associados, tratando-se de entidade local;

c) congregar pelo menos 2/3 (dois terços) das representações estaduais, na hipótese de entidade de âmbito nacional.

§ 1º. Os afastamentos previstos neste artigo somente ocorrerão após a expedição do competente Ato do Procurador-Geral de Justiça, observado, quanto aos incisos II e III, o procedimento estabelecido nos incisos XII e XVIII, do art. 36, desta Lei Complementar.

§ 2º. Os afastamentos dar-se-ão sem prejuízo de vencimentos e demais vantagens do cargo, salvo, no caso dos incisos I e II, quando o membro do Ministério Público optar pelos vencimentos do cargo, emprego ou função que venha a exercer.

§ 3º. O período de afastamento da carreira será considerado de efetivo exercício para todos os efeitos legais, exceto para remoção ou promoção por merecimento, nos casos dos incisos I e II deste artigo.

§ 4º. Não será permitido o afastamento durante o estágio probatório.

Art. 218. O afastamento para frequentar curso ou seminários no País ou no exterior será disciplinado por Ato do Conselho Superior do Ministério Público observadas as seguintes normas:

I – em nenhuma hipótese o membro do Ministério Público poderá afastar-se por mais de 5 (cinco) anos, consecutivos ou não, e, observado esse limite, a duração do afastamento do interessado não poderá ser superior à metade do tempo de seu efetivo exercício na carreira;

II – o pedido de afastamento conterá minuciosa justificação de sua conveniência;

III – o interessado deverá comprovar a frequência e o aproveitamento no curso ou seminário realizado.

Art. 219. São considerados como de efetivo exercício, para todos os efeitos legais, os dias em que o membro do Ministério Público estiver afastado de suas funções em razão de:

I – licenças previstas no art. 207, salvo a do inciso V, desta Lei Complementar;

II – férias;

III – disponibilidade não compulsória, exceto para promoção;

IV – designação do Procurador-Geral de Justiça para:

a) realização de atividade de relevância para a Instituição;

b) direção de Centro de Estudos e Aperfeiçoamento Funcional do Ministério Público;

V – de exercício de cargos ou de funções de direção de associação representativa de classe, na forma desta Lei Complementar;

VI – exercício de atividade prevista no parágrafo único, do art. 170, desta Lei Complementar;

VII – prestação de serviços exclusivamente à Justiça Eleitoral;

VIII – de outras hipóteses definidas em lei.

Capítulo IV – Das Garantias e Prerrogativas

Art. 220. Os membros do Ministério Público sujeitam-se a regime jurídico especial, gozam de independência no exercício de suas funções e têm as seguintes garantias:

I – vitaliciedade, após dois anos de exercício, não podendo perder o cargo senão por decisão judicial transitada em julgado;

II – inamovibilidade, no cargo e nas funções, salvo por motivo de interesse público;

III – irredutibilidade de vencimentos, observado, quanto à remuneração, o disposto na Constituição Federal.

- ***Constituição Federal:***

__Art. 128.__ O Ministério Público abrange: (...)

§ 5º. Leis complementares da União e dos Estados, cuja iniciativa é facultada aos respectivos Procuradores-Gerais, estabelecerão a organização, as atribuições e o estatuto de cada Ministério Público, observadas, relativamente a seus membros:

I – as seguintes garantias:

a) vitaliciedade, após dois anos de exercício, não podendo perder o cargo senão por sentença judicial transitada em julgado;

b) inamovibilidade, salvo por motivo de interesse público, mediante decisão do órgão colegiado competente do Ministério Público, pelo voto da maioria absoluta de seus membros, assegurada ampla defesa;

- *Alínea "b" com redação dada pela Emenda Constitucional nº 45, de 8.12.2004.*

c) irredutibilidade de subsídio, fixado na forma do art. 39, § 4º, e ressalvado o disposto nos arts. 37, X e XI, 150, II, 153, III, 153, § 2º, I;

- *Alínea "c" com redação dada pela Emenda Constitucional nº 19, de 4.6.1998.*

II – as seguintes vedações:

a) receber, a qualquer título e sob qualquer pretexto, honorários, percentagens ou custas processuais;

b) exercer a advocacia;

c) participar de sociedade comercial, na forma da lei;

d) exercer, ainda que em disponibilidade, qualquer outra função pública, salvo uma de magistério;

e) exercer atividade político-partidária;

- *Alínea "e" com redação dada pela Emenda Constitucional nº 45, de 8.12.2004.*

f) receber, a qualquer título ou pretexto, auxílios ou contribuições de pessoas físicas, entidades públicas ou privadas, ressalvadas as exceções previstas em lei. (...)

- *Alínea "f" acrescida pela Emenda Constitucional nº 45, de 8.12.2004.*

Art. 221. Os membros do Ministério Público, ainda que afastados das funções, nas infrações penais comuns e de responsabilidade, serão processados e julgados originariamente pelo Tribunal de Justiça do Estado de São Paulo, ressalvadas exceções de ordem constitucional.

Parágrafo único. Nos crimes de responsabilidade, o Procurador-Geral de Justiça será processado e julgado por Tribunal Especial, nos termos do art. 49 da Constituição Estadual.

- ***Constituição do Estado de São Paulo:***

Art. 49. Admitida a acusação contra o Governador, por dois terços da Assembleia Legislativa, será ele submetido a julgamento perante o Superior Tribunal de Justiça, nas infrações penais comuns, ***ou, nos crimes de responsabilidade, perante Tribunal Especial.***

- *Suspensa a eficácia da expressão em destaque – ADIn nº 2220-2 – Liminar deferida.*

§ 1º. O Tribunal Especial a que se refere este artigo será constituído por sete Deputados e sete Desembargadores, sorteados pelo Presidente do Tribunal de Justiça, que também o presidirá.

- *Suspensa a eficácia do § 1º – ADIn nº 2220-2 – Liminar deferida.*

§ 2º. Compete, ainda privativamente, ao Tribunal Especial referido neste artigo processar e julgar o Vice-Governador nos crimes de responsabilidade, e os Secretários de Estado, nos crimes da mesma natureza conexos com aqueles, ou com os praticados pelo Governador, bem como o Procurador-Geral de Justiça e o Procurador-Geral do Estado.

- *Suspensa a eficácia do § 2º – ADIn nº 2220-2 – Liminar deferida.*

§ 3º. O Governador ficará suspenso de suas funções:

1) nas infrações penais comuns, recebida a denúncia ou queixa-crime pelo Superior Tribunal de Justiça;

2) nos crimes de responsabilidade, após instauração do processo pela Assembleia Legislativa.

- *Suspensa a eficácia do item 2 do § 3º – ADIn nº 2220-2 – Liminar deferida.*

§ 4º. Se, decorrido o prazo de cento e oitenta dias, o julgamento não estiver concluído, cessará o afastamento do Governador, sem prejuízo do prosseguimento do processo.

§ 5º. Enquanto não sobrevier a sentença condenatória transitada em julgado, nas infrações penais comuns, o Governador não estará sujeito a prisão.

- *ADIn nº 1021-2 – Declarada a inconstitucionalidade.*

§ 6º. O Governador, na vigência de seu mandato, não pode ser responsabilizado por atos estranhos ao exercício de suas funções.

- *ADIn nº 1021-2 – Declarada a inconstitucionalidade.*

Art. 222. Quando, no curso de investigação, houver indício de prática de infração penal por parte de membro do Ministério Público, a autoridade policial, civil ou militar, remeterá imediatamente os respectivos autos ao Procurador-Geral de Justiça, a quem competirá dar prosseguimento à apuração do fato.

Art. 223. Os membros do Ministério Público, na ativa ou aposentados, terão carteira funcional que valerá em todo o território nacional como cédula de identidade e porte permanente de arma, independentemente de qualquer ato formal de licença ou autorização.

Art. 224. Constituem prerrogativas dos membros do Ministério Público, além de outras asseguradas pela Constituição e por outras leis:

I – ser ouvido, como testemunha ou ofendido, em qualquer processo ou inquérito, em dia, hora e local previamente ajustados com o Juiz ou a autoridade competente;

II – estar sujeito à intimação ou convocação para comparecimento, somente se expedida pela autoridade judiciária ou por órgão da Administração Superior do Ministério Público competente, ressalvadas as hipóteses constitucionais;

III – ser preso somente por ordem judicial escrita, salvo em flagrante de crime inafiançável, caso em que a autoridade, sob pena de responsabilidade, fará, de imediato, a comunicação e a apresentação do membro do Ministério Público ao Procurador-Geral de Justiça;

IV – ser custodiado ou recolhido à prisão domiciliar ou à sala especial de Estado Maior, por ordem e à disposição do Tribunal competente, quando sujeito a prisão antes do julgamento final e à dependência separada no estabelecimento em que houver de ser cumprida a pena;

V – ter assegurado o direito de acesso, retificação e complementação dos dados e informações relativos à sua pessoa, existentes nos órgãos da Instituição, na forma desta Lei Complementar;

VI – receber o mesmo tratamento jurídico protocolar dispensado aos membros do Poder Judiciário perante os quais oficiem;

VII – ingressar e transitar livremente:

a) nas salas de sessões de Tribunais, mesmo além das dependências que lhe sejam especialmente reservadas;

b) nas dependências que lhe estiverem destinadas nos edifícios de Fóruns e Tribunais perante os quais servirem, nas salas de audiências, secretarias, cartórios, tabelionatos, ofícios da justiça, inclusive dos registros públicos, nas delegacias de polícia e estabelecimentos de internação coletiva;

VIII – usar as vestes talares e as insígnias e distintivos privativos do Ministério Público, de acordo com os modelos oficiais;

IX – tomar assento contíguo à direita e no mesmo plano dos Juízes de primeira instância ou do Presidente do Tribunal, Seção, Grupo, Câmara ou Turma;

X – ter vista dos autos após distribuição às Turmas ou Câmaras, e intervir nas sessões de julgamento, para sustentação oral ou para esclarecer matéria de fato;

XI – receber intimação pessoal em qualquer processo e grau de jurisdição, através dos autos com vista;

XII – examinar, em qualquer juízo ou Tribunal, autos de processos findos ou em andamento, ainda que conclusos a magistrado, podendo copiar peças e tomar apontamentos;

XIII – examinar, em qualquer repartição policial, autos de flagrante ou inquérito, findos ou em andamento, ainda que conclusos à autoridade policial, podendo copiar peças e tomar apontamentos;

XIV – ter acesso ao indiciado preso, a qualquer momento, mesmo quando decretada a sua incomunicabilidade;

XV – ter livre acesso a qualquer recinto público ou privado, ressalvada a garantia constitucional de inviolabilidade de domicílio;

XVI – requisitar informações ou diligências de qualquer órgão público ou privado;

XVII – obter, sem despesas, a realização de buscas e o fornecimento de certidões dos cartórios ou de quaisquer outras repartições públicas;

XVIII – não ser indiciado em inquérito policial, observado o disposto no art. 222 desta Lei Complementar.

Parágrafo único. Os membros do Ministério Público aposentados não perdem as prerrogativas enumeradas nos incisos IV, V *[e XVIII deste artigo, bem como a prevista no art. 221 desta Lei Complementar, se o fato ocorreu quando no exercício da função]**.

- ***ADI STF nº 2.084 de 13.10.1999*** *– (...) relativamente ao parágrafo único do art. 224, também por unanimidade, o Tribunal declarou a inconstitucionalidade da expressão "e XVIII deste artigo, bem como a prevista no art. 221 desta Lei Complementar, se o fato ocorreu quando no exercício da função". Decisão unânime. Plenário, 2.8.2001 (DOU-I 16.8.2001) – [*]* Expressão declarada inconstitucional.

Art. 225. Nenhum membro do Ministério Público poderá ser afastado do desempenho de suas atribuições ou procedimentos em que oficie ou deva oficiar, exceto por impedimento, férias, licenças, afastamento ou por motivo de interesse público, observado o disposto nesta Lei Complementar.

§ 1º. No caso de afastamento por razão de interesse público, a designação do Procurador-Geral de Justiça deverá recair em membro do Ministério Público que tenha as mesmas atribuições do afastado.

§ 2º. A regra deste artigo não se aplica ao Promotor de Justiça Substituto e ao membro do Ministério Público designado para oficiar temporariamente perante qualquer juízo ou autoridade.

§ 3º. Enquanto não realizada a distribuição, o Procurador-Geral de Justiça poderá designar membro do Ministério Público para atuar em procedimentos investigatórios, desde que o designado tenha, em tese, atribuição para tanto.

Art. 226. A organização das Promotorias e Procuradorias de Justiça constitui, para os efeitos do artigo anterior, motivo de interesse público.

TÍTULO IV
DO REGIME DISCIPLINAR

Capítulo I – Da Fiscalização da Atividade Funcional e da Conduta dos Membros do Ministério Público

Art. 227. A atividade funcional dos membros do Ministério Público está sujeita a:

I – fiscalização permanente;

II – vistorias;

III – visitas de inspeção;

IV – correição ordinária;

V – correição extraordinária.

- *Art. 227, caput, e incisos com redação dada pela Lei Complementar nº 1.147, de 6.9.2011.*

Parágrafo único. Qualquer pessoa poderá reclamar ao Corregedor-Geral do Ministério Público sobre abusos, erros, omissões ou conduta incompatível dos membros do Ministério Público.

Art. 228. A fiscalização permanente da atividade funcional dos Procuradores de Justiça será realizada pelo Órgão Especial do Colégio de Procuradores de Justiça, na forma de seu Regimento Interno, e a dos Promotores de Justiça será realizada pelos Procuradores de Justiça ao examinar os autos em que devam oficiar.

- *Art. 228 com redação dada pela Lei Complementar nº 1.147, de 6.9.2011.*

Art. 229. O Corregedor-Geral do Ministério Público, de ofício ou à vista das informações enviadas pelos Procuradores de Justiça ou pelo Órgão Especial do Colégio de Procuradores de Justiça, quando o caso, fará aos Promotores e Procuradores de Justiça, oralmente ou por escrito, em caráter reservado, as recomendações ou observações que julgar cabíveis, dando-lhes ciência dos elogios e mandando consignar em seus assentamentos as devidas anotações.

- *Art. 229 com redação dada pela Lei Complementar nº 1.147, de 6.9.2011.*

Art. 230. As vistorias, realizadas em caráter informal pelo Corregedor-Geral do Ministério Público ou por seus Assessores, não serão inferiores a 96 (noventa e seis) por ano, aplicando-se, no que couber, o disposto no art. 229.

- *Art. 230 com redação dada pela Lei Complementar nº 1.147, de 6.9.2011.*

Art. 231. A correição ordinária será efetuada pessoalmente pelo Corregedor-Geral do Ministério Público ou por Procurador de Justiça por ele indicado e aprovado pelo Órgão Especial do Colégio de Procuradores de Justiça.

§ 1º. A correição ordinária destina-se a verificar a regularidade do serviço, a eficiência e a pontualidade dos membros do Ministério Publico no exercício de suas funções, o cumprimento das obrigações legais e das determinações da Procuradoria-Geral de Justiça e da Corregedoria-Geral do Ministério Público, bem como sua participação nas atividades da Procuradoria ou da Promotoria de Justiça a que pertença e sua contribuição para a execução dos Programas de Atuação e Projetos Especiais.

- *§ 1º com redação dada pela Lei Complementar nº 1.147, de 6.9.2011.*

§ 2º. A Corregedoria-Geral do Ministério Público realizará anualmente, no mínimo, 48 (quarenta e oito) correições ordinárias.

- *§ 2º com redação dada pela Lei Complementar nº 1.083, de 17.12.2008.*

Art. 232. A correição extraordinária será realizada pessoalmente pelo Corregedor-Geral do Ministério Público, de ofício, por recomendação do Procurador-Geral de Justiça, do Órgão Especial do Colégio de Procuradores de Justiça ou do Conselho Superior do Ministério Público, para a imediata apuração de:

I – abusos, erros ou omissões que incompatibilizam o membro do Ministério Público para o exercício do cargo ou função;

II – atos que comprometam o prestígio ou a dignidade da Instituição;

III – descumprimento do dever funcional ou procedimento incorreto.

§ 1º. Concluída a correição, o Corregedor-Geral do Ministério Público elaborará relatório circunstanciado, mencionando os fatos observados, as providências adotadas e propondo as de caráter disciplinar ou administrativo que excedam suas atribuições, bem como informando sobre os aspectos moral, intelectual e funcional dos membros do Ministério Público.

- *§ 1º com redação dada pela Lei Complementar nº 1.147, de 6.9.2011.*

§ 2º. O relatório da correição será sempre levado ao conhecimento dos Órgãos da Administração Superior do Ministério Público.

Art. 233. Com base nas observações feitas nas correições, o Corregedor-Geral do Ministério Público, ouvidos o Procurador-Geral de Justiça e o Conselho Superior do Ministério Público, poderá baixar instruções aos Promotores de Justiça.

Art. 234. Sempre que, em correição, visita de inspeção ou vistoria, verificar a violação dos deveres impostos aos membros do Ministério Público, o Corregedor-Geral do Ministério Público tomará notas reservadas do que coligir no exame de autos, livros, papéis e das informações que obtiver e instaurará sindicância.

- *Art. 234, caput, com redação dada pela Lei Complementar nº 1.147, de 6.9.2011.*

Parágrafo único. Se, desde logo, os elementos colhidos autorizarem, o Corregedor-Geral do Ministério Público baixará portaria de instauração de processo administrativo disciplinar, encaminhando os autos à Comissão Processante Permanente para instrução.

- *Parágrafo único acrescido pela Lei Complementar nº 1.147, de 6.9.2011.*

Art. 235. O Corregedor-Geral do Ministério Público poderá, de ofício ou por recomendação do Órgão Especial do Colégio de Procuradores, realizar correição, visita de inspeção ou vistoria nas Procuradorias de Justiça, nas câmaras e equipes especializadas e no setor atuante junto ao Tribunal de Justiça Militar.

- *Art. 235, caput, com redação dada pela Lei Complementar nº 1.147, de 6.9.2011.*

Parágrafo único. Os trabalhos de correição, inspeção ou vistoria serão acompanhados por Comissão formada por 3 (três) Procuradores de Justiça, indicados pelo Corregedor-Geral e referendados pelo Órgão Especial do Colégio de Procuradores de Justiça.

- *Parágrafo único com redação dada pela Lei Complementar nº 1.147, de 6.9.2011.*

Art. 236. A inspeção destina-se a verificar a regularidade administrativa dos serviços de distribuição e devolução de processos, da qual o Corregedor-Geral elaborará relatório, que será remetido ao Órgão Especial do Colégio de Procuradores de Justiça.

- *Art. 236, caput, com redação dada pela Lei Complementar nº 1.147, de 6.9.2011.*

Parágrafo único. Constatando a existência de indícios de falta disciplinar, o Corregedor-Geral do Ministério Público poderá instaurar sindicância ou, sendo suficientes os elementos colhidos, baixar portaria de instauração de processo administrativo, encaminhando os autos à Comissão Processante Permanente.

- *Parágrafo único acrescido pela Lei Complementar nº 1.147, de 6.9.2011.*

Capítulo II – Das Penalidades

Art. 237. Os membros do Ministério Público são passíveis das seguintes sanções disciplinares:

I – advertência;

II – censura;

III – suspensão por até 90 (noventa) dias;

IV – cassação da disponibilidade e da aposentadoria;

V – demissão.

Art. 238. Compete ao Procurador-Geral de Justiça aplicar as sanções previstas nos incisos do art. 237.

- *Art. 238 com redação dada pela Lei Complementar nº 1.147, de 6.9.2011.*

Art. 239. As sanções serão aplicadas com base nos elementos probatórios constantes dos autos, não estando o Procurador-Geral de Justiça adstrito às conclusões da Comissão Processante Permanente.

- *Art. 239 com redação dada pela Lei Complementar nº 1.147, de 6.9.2011.*

Art. 240. A pena de advertência será aplicada por escrito, reservadamente, no caso de descumprimento de dever funcional de pequena gravidade.

Art. 241. A pena de censura será aplicada, por escrito e reservadamente, ao infrator que, já punido com advertência, vier a praticar outra infração disciplinar que o torne passível da mesma pena ou se a gravidade da infração justificar, desde logo, a aplicação da pena de censura.

Art. 242. A pena de suspensão será aplicada no caso de:

I – infrator que, já punido com censura, vier a praticar outra infração disciplinar que o torne passível da mesma pena ou se a gravidade da infração justificar, desde logo, a aplicação da pena de suspensão;

II – violação de vedação prevista no art. 170, desta Lei Complementar, com exceção do exercício da advocacia, em face do disposto no inciso II, de seu art. 157.

Parágrafo único. Enquanto perdurar, a suspensão acarretará a perda dos direitos e vantagens decorrentes do exercício do cargo, não podendo ter início durante as férias ou licenças do infrator.

Art. 243. A pena de cassação de disponibilidade ou de aposentadoria será aplicada se o inativo praticou, quando em atividade, falta passível de perda do cargo ou demissão.

Art. 244. A pena de demissão será aplicada ao membro não vitalício do Ministério Público nos casos previstos no art. 157 desta Lei Complementar.

Parágrafo único. Instaurado o processo administrativo disciplinar ordinário, o membro do Ministério Público não vitalício ficará automaticamente suspenso do exercício funcional, até definitivo julgamento, sem prejuízo dos vencimentos.

Art. 245. Na aplicação das penas disciplinares deverão ser consideradas a natureza e a gravidade da infração, os danos que dela provenham para o serviço e os antecedentes do infrator.

Art. 246. Prescreve:

I – em 2 (dois) anos a punibilidade das faltas puníveis com as penas de advertência, censura e suspensão;

II – em 4 (quatro) anos a punibilidade das faltas puníveis com as penas de demissão e cassação da disponibilidade e da aposentadoria.

§ 1º. A falta, também definida como crime, prescreverá juntamente com a ação penal.

§ 2º. A prescrição começa a correr:

a) do dia em que a falta for cometida;

b) do dia em que tenha cessado a continuação ou permanência, nas faltas continuadas ou permanentes.

§ 3º. Interrompe-se o prazo da prescrição pela expedição da portaria instauradora do processo administrativo e pela decisão deste.

§ 4º. Suspende-se o prazo da prescrição em decorrência de decisão judicial ou de órgão de controle, ou de recurso administrativo, que suste o processo administrativo disciplinar em qualquer fase ou a execução da respectiva penalidade.

• *§ 4º acrescido pela Lei Complementar nº 1.155, de 26.10.2011.*

Art. 247. As decisões referentes à imposição de pena disciplinar constarão do prontuário do infrator com menção dos fatos que lhe deram causa.

Parágrafo único. Decorridos 5 (cinco) anos da imposição da sanção disciplinar, sem cometimento de nova infração, não mais poderá ela ser considerada em prejuízo do infrator, inclusive para efeito de reincidência.

Art. 248. As decisões definitivas referentes à imposição de pena disciplinar, salvo as de advertência e de censura, serão publicadas no Diário Oficial.

Art. 249. Somente ao infrator poderá ser fornecida certidão relativa à imposição das penas de advertência e de censura, salvo se for fundamentadamente requerida para defesa de direitos e esclarecimento de situações de interesse pessoal.

Art. 250. Pelo exercício irregular da função pública, o membro do Ministério Público responde penal, civil e administrativamente, observado neste último caso o que dispõe a Constituição Federal.

- ***Constituição Federal:***

Art. 130-A. O Conselho Nacional do Ministério Público compõe-se de quatorze membros nomeados pelo Presidente da República, depois de aprovada a escolha pela maioria absoluta do Senado Federal, para um mandato de dois anos, admitida uma recondução, sendo: (...)

§ 2º. Compete ao Conselho Nacional do Ministério Público o controle da atuação administrativa e financeira do Ministério Público e do cumprimento dos deveres funcionais de seus membros, cabendo-lhe: (...)

II – zelar pela observância do art. 37 e apreciar, de ofício ou mediante provocação, a legalidade dos atos administrativos praticados por membros ou órgãos do Ministério Público da União e dos Estados, podendo desconstituí-los, revê-los ou fixar prazo para que se adotem as providências necessárias ao exato cumprimento da lei, sem prejuízo da competência dos Tribunais de Contas;

III – receber e conhecer das reclamações contra membros ou órgãos do Ministério Público da União ou dos Estados, inclusive contra seus serviços auxiliares, sem prejuízo da competência disciplinar e correicional da instituição, podendo avocar processos disciplinares em curso, determinar a remoção, a disponibilidade ou a aposentadoria com subsídios ou proventos proporcionais ao tempo de serviço e aplicar outras sanções administrativas, assegurada ampla defesa; (...)

- *Art. 130-A, incisos e parágrafos acrescidos pela EC nº 45, de 8.12.2004.*

Capítulo III – Do Processo Disciplinar

Seção I – Disposições Preliminares

Art. 251. A apuração das infrações disciplinares será feita mediante:

I – processo administrativo sumário, quando cabíveis as penas de advertência, censura e suspensão por até 90 (noventa) dias;

II – processo administrativo ordinário, quando cabíveis as penas de cassação da disponibilidade ou da aposentadoria e de demissão.

Parágrafo único. O processo administrativo poderá ser precedido de sindicância, de caráter simplesmente investigatório, quando não houver elementos suficientes para se concluir pela ocorrência de falta ou de sua autoria.

Art. 252. Compete ao Corregedor-Geral do Ministério Público a instauração de sindicância ou processo administrativo:

I – de ofício;

II – por provocação do Procurador-Geral de Justiça, do Órgão Especial do Colégio de Procuradores de Justiça ou do Conselho Superior do Ministério Público.

Parágrafo único. Quando o infrator for Procurador de Justiça, o Corregedor-Geral do Ministério Público instaurará e presidirá a sindicância e instaurará o processo administrativo, que seguirá, conforme o caso, o disposto na Seção II, III ou IV, deste Capítulo.

- ***Parágrafo único, primitivo § 1º, renumerado e com redação dada sendo o § 2º revogado pela Lei Complementar nº 1.147, de 6.9.2011.***

Art. 253. Ressalvada a hipótese do parágrafo único do art. 244 desta Lei Complementar, durante a sindicância ou durante os processos administrativo disciplinar, de remoção compulsória ou de disponibilidade, o Procurador-Geral de Justiça, por solicitação do Corregedor-Geral do Ministério Público, do Conselho Superior do Ministério Público ou da Comissão Processante Permanente, sempre ouvido o Conselho Superior do Ministério Público quando não for autor do requerimento, poderá afastar o sindicado, o acusado ou o representado do exercício do cargo, sem prejuízo de seus vencimentos e vantagens.

- ***Art. 253, caput, com redação dada pela Lei Complementar nº 1.147, de 6.9.2011.***

Parágrafo único. O afastamento dar-se-á por decisão fundamentada na conveniência do serviço, para apuração dos fatos, para assegurar a normalidade dos serviços ou a tranquilidade pública, e não excederá a 60 (sessenta) dias, podendo, excepcionalmente, ser prorrogado por igual período.

Art. 254. No processo administrativo fica assegurada aos membros do Ministério Público ampla defesa, na forma desta Lei Complementar, exercida pessoalmente, por procurador ou defensor, que será intimado dos atos e termos do procedimento por meio de publicação no Diário Oficial.

Art. 255. Dos atos, termos e documentos principais da sindicância e do processo administrativo ficarão cópias, que formarão autos suplementares.

Art. 256. Os autos de sindicância e de processos administrativos findos serão arquivados na Corregedoria-Geral do Ministério Público.

Art. 257. Aplicam-se subsidiariamente ao processo disciplinar, as normas do Estatuto dos Funcionários Públicos Civis do Estado, do Estatuto dos Funcionários Públicos Civis da União e do Código de Processo Penal.

- ***Lei Estadual (SP) nº 10.261, de 28.10.1968 – Estatuto dos Funcionários Públicos Civis do Estado.***
- ***Lei Federal nº 8.112, de 11.12.1990 – Dispõe sobre o regime jurídico dos servidores públicos civis da União, das autarquias e das fundações públicas federais.***

Seção II – Da Sindicância

Art. 258. A sindicância será instaurada e processada na Corregedoria-Geral do Ministério Público.

- *Art. 258, caput, com redação dada pela Lei Complementar nº 1.147, de 6.9.2011.*

§ 1º. A sindicância será presidida pelo Corregedor-Geral do Ministério Público, que poderá delegar as funções de sindicante a um ou mais membros de sua assessoria, desde que de categoria funcional igual ou superior à do sindicado.

- *§ 1º com redação dada pela Lei Complementar nº 1.147, de 6.9.2011.*

§ 2º. A sindicância possuirá caráter inquisitivo e servirá para que o Corregedor-Geral do Ministério Público delibere quanto à instauração do processo administrativo disciplinar.

- *§ 2º com redação dada pela Lei Complementar nº 1.147, de 6.9.2011.*

§ 3º. A sindicância será instaurada por portaria do Corregedor-Geral do Ministério Público, que especificará o fato a ser apurado.

- *§ 3º com redação dada pela Lei Complementar nº 1.147, de 6.9.2011.*

§ 4º. Em sendo o sindicado Procurador de Justiça, os trabalhos serão acompanhados por Comissão formada por 3 (três) Procuradores de Justiça, indicados pelo Corregedor-Geral do Ministério Público e referendados pelo Órgão Especial do Colégio de Procuradores de Justiça.

- *§ 4º com redação dada pela Lei Complementar nº 1.147, de 6.9.2011.*

§ 5º. A sindicância terá caráter reservado e deverá estar concluída dentro de 60 (sessenta) dias, a contar da instalação dos trabalhos, prorrogáveis por mais 60 (sessenta) dias, mediante despacho fundamentado do sindicante.

- *§ 5º, primitivo § 4º, renumerado pela Lei Complementar nº 1.147, de 6.9.2011.*

Art. 259. Colhidos os elementos necessários à comprovação do fato e da autoria, será imediatamente ouvido o sindicado.

Art. 260. Nos 3 (três) dias seguintes, o sindicado ou seu procurador poderá oferecer ou indicar as provas de seu interesse, que serão deferidas a juízo do sindicante.

Art. 261. Concluída a produção de provas, o sindicado será intimado para, dentro de 5 (cinco) dias, oferecer defesa escrita, pessoalmente ou por procurador, ficando os autos à sua disposição, em mãos do sindicante ou de pessoa por ele designada.

Parágrafo único. A critério do sindicante, o procurador do sindicado poderá ter vista dos autos fora da Corregedoria, mediante carga.

Art. 262. Decorrido o prazo de que trata o artigo anterior, o sindicante, em 10 (dez) dias, elaborará relatório, em que examinará os elementos da sindicância e concluirá pela instauração de processo administrativo ou pelo seu arquivamento.

Parágrafo único. Se na sindicância ficarem apurados fatos que recomendem a disponibilidade ou a remoção compulsória, ambas por interesse público, o Corregedor-Geral do Ministério Público representará para esse fim ao Conselho Superior do Ministério Público.

Seção III – Do Processo Administrativo Sumário

Art. 263. O processo administrativo sumário, destinado à apuração das infrações punidas com as sanções indicadas no art. 237, incisos I, II e III desta Lei Complementar, será instaurado por portaria do Corregedor-Geral do Ministério Público, instruído pela Comissão Processante Permanente e decidido pelo Procurador-Geral de Justiça.

- *Art. 263, caput, com redação dada pela Lei Complementar nº 1.147, de 6.9.2011.*

§ 1º. A instrução e o relatório conclusivo do processo administrativo sumário poderão ser atribuídos a uma das turmas da Comissão Processante Permanente.

- *§ 1º com redação dada pela Lei Complementar nº 1.147, de 6.9.2011.*

§ 2º. O Corregedor-Geral do Ministério Público será intimado pessoalmente dos atos processuais mediante abertura de vista dos autos e o acusado e seu procurador ou defensor serão intimados pessoalmente de todos os atos e termos do processo, com antecedência mínima de 48 (quarenta e oito) horas, quando não o forem em audiência.

- *§ 2º com redação dada pela Lei Complementar nº 1.147, de 6.9.2011.*

§ 3º. Os trabalhos da Comissão Processante Permanente serão secretariados por servidores do Ministério Público, designados pelo Procurador-Geral de Justiça.

- *§ 3º acrescido pela Lei Complementar nº 1.147, de 6.9.2011.*

Art. 264. A portaria de instauração deve conter a qualificação do acusado, a exposição dos fatos imputados, a previsão legal sancionadora, a indicação das provas a serem produzidas e, se o caso, o rol de testemunhas, e será instruída com a sindicância, se houver, ou com os elementos de prova existentes.

- *Art. 264 com redação dada pela Lei Complementar nº 1.147, de 6.9.2011.*

Art. 265. Compromissado o secretário e autuados a portaria, a sindicância e os documentos que a acompanham, a Comissão Processante Permanente:

I – deliberará sobre o deferimento das provas e diligências requeridas pelo órgão de acusação;

II – designará data para realização de audiência de instrução em que serão ouvidas as testemunhas arroladas pelas partes e interrogado o acusado, nesta ordem.

- *Art. 265, caput, com redação dada pela Lei Complementar nº 1.147, de 6.9.2011.*

§ 1º. A acusação e a defesa poderão arrolar até 5 (cinco) testemunhas, sendo permitido à Comissão Processante Permanente ouvir outras pessoas não indicadas pelas partes.

- *§ 1º com redação dada pela Lei Complementar nº 1.147, de 6.9.2011.*

§ 2º. O acusado será desde logo citado da acusação, recebendo cópia da portaria e da decisão da Comissão Processante Permanente, pela qual ficará intimado da audiência designada.

- *§ 2º com redação dada pela Lei Complementar nº 1.147, de 6.9.2011.*

§ 3º. No prazo de 5 (cinco) dias contados da citação, o acusado, pessoalmente ou por procurador, poderá apresentar defesa escrita, em que poderá alegar qualquer questão preliminar ou de mérito, especificar as provas que pretenda produzir e, se o caso, apresentar o rol de testemunhas.

- *§ 3º com redação dada pela Lei Complementar nº 1.147, de 6.9.2011.*

§ 4º. Se o acusado não for encontrado ou furtar-se à citação, será citado por aviso publicado no Diário Oficial, com prazo de 3 (três) dias.

- *§ 4º com redação dada pela Lei Complementar nº 1.147, de 6.9.2011.*

§ 5º. Se o acusado não atender à citação e não se fizer representar por procurador, será declarado revel, designando-se defensor dentre os membros do Ministério Público, de categoria igual ou superior, o qual não poderá escusar-se da incumbência, sem justo motivo, sob pena de advertência.

- *§ 5º com redação dada pela Lei Complementar nº 1.147, de 6.9.2011.*

§ 6º. O procurador ou defensor terá vista dos autos na secretaria da Comissão Processante Permanente, podendo retirá-los, mediante carga, durante o prazo para apresentação da defesa.

- *§ 6º com redação dada pela Lei Complementar nº 1.147, de 6.9.2011.*

§ 7º. A Comissão Processante Permanente determinará a intimação das testemunhas de acusação e de defesa, salvo se, quanto as últimas, houver expressa dispensa na defesa.

- *§ 7º com redação dada pela Lei Complementar nº 1.147, de 6.9.2011.*

§ 8º. A Comissão Processante Permanente poderá indeferir provas impertinentes ou que tenham intuito meramente protelatório.

- *§ 8º com redação dada pela Lei Complementar nº 1.147, de 6.9.2011.*

§ 9º. O acusado, depois de citado, não poderá, sob pena de prosseguir o processo à sua revelia, deixar de comparecer, sem justo motivo, aos atos processuais para os quais tenha sido regularmente intimado.

- *§ 9º com redação dada pela Lei Complementar nº 1.147, de 6.9.2011.*

§ 10. A todo tempo o acusado revel poderá constituir procurador que substituirá o membro do Ministério Público designado como defensor.

- *§ 10 com redação dada pela Lei Complementar nº 1.147, de 6.9.2011.*

§ 11. Apresentada a defesa preliminar, o Corregedor-Geral do Ministério Público será ouvido, em réplica, no prazo de 5 (cinco) dias.

- *§ 11 acrescido pela Lei Complementar nº 1.147, de 6.9.2011.*

§ 12. Se a Comissão Processante Permanente concluir pelo acolhimento de questão preliminar que implique extinção do processo administrativo, remeterá os autos ao Procurador-Geral de Justiça para deliberação.

- *§ 12 acrescido pela Lei Complementar nº 1.147, de 6.9.2011.*

§ 13. O Procurador-Geral de Justiça decidirá, em 15 (quinze) dias, sobre a extinção do processo administrativo ou seu prosseguimento.

- *§ 13 acrescido pela Lei Complementar nº 1.147, de 6.9.2011.*

§ 14. Caberá recurso ao Órgão Especial do Colégio de Procuradores de Justiça, no prazo de 5 (cinco) dias, contra a decisão do Procurador-Geral de Justiça que, nos termos do parágrafo 13, extinguir o processo administrativo.

- *§ 14 acrescido pela Lei Complementar nº 1.147, de 6.9.2011.*

Art. 266. Se a autoridade processante verificar que a presença do acusado poderá influir no ânimo do denunciante ou da testemunha, de modo que prejudique a tomada do depoimento, solicitará a sua retirada, prosseguindo na inquirição com a presença de seu procurador ou defensor, caso em que deverão constar do termo a ocorrência e os motivos que a determinaram.

- *Art. 266, caput, com redação dada pela Lei Complementar nº 1.147, de 6.9.2011.*

§ 1º. As testemunhas são obrigadas a comparecer às audiências quando regularmente intimadas e, se injustificadamente não o fizerem, poderão ser conduzidas pela autoridade policial, mediante requisição da Comissão Processante Permanente.

- *§ 1º, primitivo Parágrafo único, renumerado pela Lei Complementar nº 1.147, de 6.9.2011.*

§ 2º. As testemunhas serão inquiridas pela Comissão Processante Permanente e diretamente pelas partes.

- *§ 2º acrescido pela Lei Complementar nº 1.147, de 6.9.2011.*

§ 3º. A Comissão Processante Permanente poderá indeferir, fundamentadamente, as perguntas impertinentes, fazendo constar do termo o teor das perguntas, caso requerido pela parte.

- *§ 3º acrescido pela Lei Complementar nº 1.147, de 6.9.2011.*

Art. 267. Concluída a instrução, o Corregedor-Geral do Ministério Público e o acusado, sucessivamente, terão vista dos autos pelo prazo de 10 (dez) dias para apresentação de alegações finais escritas.

- *Art. 267 com redação dada pela Lei Complementar nº 1.147, de 6.9.2011.*

Art. 268. A instrução deverá ser concluída no mesmo dia; não sendo possível, será designada audiência em continuação, saindo intimados todos os interessados.

Art. 269. Apresentadas as alegações finais pelas partes, a Comissão Processante Permanente, no prazo de 15 (quinze) dias, elaborará relatório conclusivo e remeterá os autos ao Procurador-Geral de Justiça, que decidirá em 20 (vinte) dias.

- *Art. 269, caput, com redação dada pela Lei Complementar nº 1.147, de 6.9.2011.*

§ 1º. Em caso de proposta de condenação, a Comissão Processante deverá indicar a pena cabível e o seu fundamento legal.

- *§ 1º acrescido pela Lei Complementar nº 1.147, de 6.9.2011.*

§ 2º. Se o Procurador-Geral de Justiça não se considerar habilitado a decidir, poderá converter o julgamento em diligência, devolvendo os autos à

Comissão Processante Permanente para os fins que indicar, com prazo de 15 (quinze) dias para cumprimento.

- *§ 2º acrescido pela Lei Complementar nº 1.147, de 6.9.2011.*

§ 3º. Cumprida a diligência, o Corregedor-Geral do Ministério Público e o acusado serão intimados para, no prazo de 5 (cinco) dias, manifestarem-se sobre a prova eventualmente acrescida e, em seguida, o Procurador-Geral de Justiça decidirá em 15 (quinze) dias.

- *§ 3º acrescido pela Lei Complementar nº 1.147, de 6.9.2011.*

Art. 270. O processo deverá ser concluído em 90 (noventa) dias, prorrogáveis por igual prazo.

Art. 271. O acusado será intimado pessoalmente da decisão, salvo se for revel ou furtar-se à intimação, casos em que será feita por publicação no Diário Oficial.

- *Art. 271 com redação dada pela Lei Complementar nº 1.147, de 6.9.2011.*

Seção IV – Do Processo Administrativo Ordinário

Art. 272. O processo administrativo ordinário, destinado à apuração das infrações punidas com as sanções indicadas no art. 237, incisos IV e V desta Lei Complementar, será instaurado por portaria do Corregedor-Geral do Ministério Público, instruído pela Comissão Processante Permanente e decidido pelo Procurador Geral de Justiça.

- *Art. 272, caput, com redação dada pela Lei Complementar nº 1.147, de 6.9.2011.*

§ 1º. A instrução e o relatório conclusivo do processo administrativo ordinário poderão ser atribuídos a uma das turmas da Comissão Processante Permanente.

- *§ 1º acrescido pela Lei Complementar nº 1.147, de 6.9.2011.*

§ 2º. Os trabalhos da Comissão Processante Permanente serão secretariados por servidores do Ministério Público, designados pelo Procurador-Geral de Justiça.

- *§ 2º acrescido pela Lei Complementar nº 1.147, de 6.9.2011.*

§ 3º. O processo administrativo ordinário deverá estar concluído dentro de 120 (centro e vinte) dias, prorrogáveis por igual prazo.

- *§ 3º, primitivo Parágrafo único, renumerado pela Lei Complementar nº 1.147, de 6.9.2011.*

Art. 273. A portaria do Corregedor-Geral do Ministério Público, instruída com a sindicância, se houver, ou com os elementos de prova existentes, conterá a qualificação do acusado, a exposição circunstanciada dos fatos imputados, a previsão legal sancionadora, a indicação das provas a serem produzidas e, se o caso, o rol de testemunhas.

- *Art. 273, caput, com redação dada pela Lei Complementar nº 1.147, de 6.9.2011.*

Parágrafo único. Na portaria poderão ser arroladas até 8 (oito) testemunhas.

Art. 274. Compromissado o secretário e autuados a portaria, a sindicância e os documentos que a acompanham, a Comissão Processante Permanente:

I – deliberará sobre o deferimento das provas e diligências requeridas pelo órgão de acusação;

II – determinará a citação pessoal do acusado para, no prazo de 10 (dez) dias, apresentar defesa escrita, indicar as provas que pretenda produzir e arrolar até 8 (oito) testemunhas.

- *Art. 274, caput, com redação dada pela Lei Complementar nº 1.147, de 6.9.2011.*

§ 1º. O mandado de citação será instruído com cópia da portaria e, se o acusado não for encontrado ou furtar-se à citação, será citado por aviso publicado no Diário Oficial, com prazo de 10 (dez) dias.

- *§ 1º com redação dada pela Lei Complementar nº 1.147, de 6.9.2011.*

§ 2º. Se o acusado não atender à citação e não se fizer representar por procurador, será declarado revel, designando-se defensor entre os membros do Ministério Público, de categoria igual ou superior, o qual não poderá escusar-se da incumbência, sem justo motivo, sob pena de advertência.

- *§ 2º com redação dada pela Lei Complementar nº 1.147, de 6.9.2011.*

§ 3º. O acusado, depois de citado, não poderá, sob pena de prosseguir o processo à sua revelia, deixar de comparecer, sem justo motivo, aos atos processuais para os quais tenha sido regularmente intimado.

- *§ 3º com redação dada pela Lei Complementar nº 1.147, de 6.9.2011.*

§ 4º. A todo tempo o acusado revel poderá constituir procurador, que substituirá o membro do Ministério Público designado como defensor.

- *§ 4º com redação dada pela Lei Complementar nº 1.147, de 6.9.2011.*

§ 5º. O acusado poderá retirar os autos para apresentação de sua defesa.

- *§ 5º acrescido pela Lei Complementar nº 1.147, de 6.9.2011.*

Art. 275. Na defesa, o acusado poderá alegar as questões preliminares e de mérito que entender convenientes.

- *Art. 275 com redação dada pela Lei Complementar nº 1.147, de 6.9.2011.*

Art. 276. Apresentada a defesa, será ouvido, em réplica, o Corregedor-Geral do Ministério Público, no prazo de 10 (dez) dias.

- *Art. 276, caput, com redação dada pela Lei Complementar nº 1.147, de 6.9.2011.*

§ 1º. Se a Comissão Processante Permanente concluir pelo acolhimento de questão preliminar que implique extinção do processo administrativo, remeterá os autos ao Procurador-Geral de Justiça para deliberação.

- *§ 1º. primitivo Parágrafo único, renumerado e com redação dada pela Lei Complementar nº 1.147, de 6.9.2011.*

§ 2º. O Procurador-Geral de Justiça decidirá, no prazo de 15 (quinze) dias, quanto à extinção do processo administrativo ou seu prosseguimento.

- *§ 2º acrescido pela Lei Complementar nº 1.147, de 6.9.2011.*

§ 3º. Caberá recurso ao Órgão Especial do Colégio de Procuradores de Justiça, no prazo de 5 (cinco) dias, contra a decisão do Procurador-Geral de Justiça que, nos termos do § 2º, extinguir o processo administrativo.

- *§ 3º acrescido pela Lei Complementar nº 1.147, de 6.9.2011.*

Art. 277. Em seguida, a Comissão Processante Permanente designará data para audiência de instrução, oportunidade em que serão inquiridas as testemunhas arroladas pelo órgão de acusação e pela defesa e realizado o interrogatório do acusado sobre os fatos constantes da portaria, nesta ordem.

- *Art. 277, caput, com redação dada pela Lei Complementar nº 1.147, de 6.9.2011.*

Parágrafo único. A Comissão Processante Permanente poderá indeferir fundamentadamente as provas desnecessárias, impertinentes ou que tiverem intuito protelatório, bem como poderá ouvir outras pessoas não arroladas pelas partes.

- *Parágrafo único acrescido pela Lei Complementar nº 1.147, de 6.9.2011.*

Art. 278. O Corregedor-Geral do Ministério Público será pessoalmente intimado dos atos processuais mediante abertura de vista dos autos e o acusado e seu procurador ou defensor serão intimados pessoalmente de todos os atos e termos do processo, com antecedência mínima de 48 (quarenta e oito) horas, quando não o forem em audiência.

- *Art. 278 com redação dada pela Lei Complementar nº 1.147, de 6.9.2011.*

Art. 279. Serão intimados para comparecer à audiência as testemunhas de acusação e da defesa, bem como o Corregedor-Geral do Ministério Público, o acusado e seu procurador ou defensor.

- *Art. 279, caput, com redação dada pela Lei Complementar nº 1.147, de 6.9.2011.*

§ 1º. As testemunhas são obrigadas a comparecer às audiências quando regularmente intimadas e, se injustificadamente não o fizerem, poderão ser conduzidas pela autoridade policial, mediante requisição da Comissão Processante Permanente.

- *§ 1º com redação dada pela Lei Complementar nº 1.147, de 6.9.2011.*

§ 2º. As testemunhas serão inquiridas pela Comissão Processante Permanente e diretamente pelas partes, cabendo à Comissão Processante Permanente indeferir, fundamentadamente, as perguntas impertinentes, fazendo constar do termo o teor das perguntas, caso requerido pela parte.

- *§ 2º com redação dada pela Lei Complementar nº 1.147, de 6.9.2011.*

§ 3º. Na impossibilidade de inquirir todas as testemunhas na mesma audiência, a Comissão Processante Permanente poderá, desde logo, designar tantas datas quantas forem necessárias para tal fim.

- *§ 3º com redação dada pela Lei Complementar nº 1.147, de 6.9.2011.*

Art. 280. Encerrada a instrução, será concedido a cada uma das partes o prazo de 3 (três) dias para requerimento de diligências.

- *Art. 280, caput, com redação dada pela Lei Complementar nº 1.147, de 6.9.2011.*

Parágrafo único. Decorrido o prazo, a Comissão Processante Permanente decidirá sobre as diligências requeridas e poderá determinar outras que julgar necessárias.

- *Parágrafo único com redação dada pela Lei Complementar nº 1.147, de 6.9.2011.*

Art. 281. Concluídas as diligências, o Corregedor-Geral do Ministério Público e o acusado, sucessivamente, terão vista dos autos pelo prazo de 10 (dez) dias para apresentação de alegações finais escritas.

- *Art. 281 com redação dada pela Lei Complementar nº 1.147, de 6.9.2011.*

Art. 282. Apresentadas as alegações finais pelas partes, a Comissão Processante Permanente, no prazo de 15 (quinze) dias, elaborará relatório conclusivo e remeterá os autos ao Procurador-Geral de Justiça, que proferirá decisão em 30 (trinta) dias.

- *Art. 282, caput, com redação dada pela Lei Complementar nº 1.147, de 6.9.2011.*

§ 1º. Se o Procurador-Geral de Justiça não se considerar habilitado a decidir, poderá converter o julgamento em diligência, devolvendo os autos à Comissão Processante Permanente para os fins que indicar, com prazo não superior a 15 (quinze) dias.

- *§ 1º com redação dada pela Lei Complementar nº 1.147, de 6.9.2011.*

§ 2º. Cumpridas as diligências, as partes poderão se manifestar, em 10 (dez) dias, sobre eventual prova acrescida e, em seguida, o Procurador-Geral de Justiça decidirá em 20 (vinte) dias.

- *§ 2º com redação dada pela Lei Complementar nº 1.147, de 6.9.2011.*

Art. 283. O acusado, em qualquer caso, será intimado da decisão na forma prevista no art. 271 desta Lei Complementar.

- *Art. 283 com redação dada pela Lei Complementar nº 1.147, de 6.9.2011.*

Art. 284. Os atos e termos para os quais não foram fixados prazos serão realizados dentro do prazo determinado pela Comissão Processante Permanente.

- *Art. 284 com redação dada pela Lei Complementar nº 1.147, de 6.9.2011.*

Seção V – Do Recurso

Art. 285. Das decisões condenatórias proferidas pelo Procurador-Geral de Justiça caberá recurso, com efeito suspensivo, ao Órgão Especial do Colégio de Procuradores de Justiça, que não poderá agravar a pena imposta em recurso exclusivo da defesa.

- *Art. 285, caput, com redação dada pela Lei Complementar nº 1.147, de 6.9.2011.*

Parágrafo único. O recurso terá efeito meramente devolutivo:

I – em caso de suspensão de membro do Ministério Público sujeito à pena de demissão (parágrafo único do art. 244 desta Lei Complementar);

II – em caso de afastamento do exercício do cargo imposto pelo Procurador-Geral de Justiça na hipótese do art. 253 desta Lei Complementar;

III – em caso de extinção do processo administrativo ou de absolvição do acusado.

- *Inciso III acrescido pela Lei Complementar nº 1.147, de 6.9.2011.*

Art. 286. O recurso será interposto pelo acusado, seu procurador ou defensor, ou pelo Corregedor-Geral do Ministério Público no prazo de 10 (dez) dias, contados da intimação da decisão, por petição dirigida ao Procurador-Geral de Justiça, acompanhada das respectivas razões.

- *Art. 286. caput, com redação dada pela Lei Complementar nº 1.147, de 6.9.2011.*

Parágrafo único. Fica sujeita ao reexame necessário do Órgão Especial do Colégio de Procuradores de Justiça a decisão do Procurador-Geral de Justiça que, divergindo das conclusões do relatório da Comissão Processante Permanente, for mais benéfica ao acusado.

- *Parágrafo único com redação dada pela Lei Complementar nº 1.147, de 6.9.2011.*

Art. 287. Recebido o recurso, o Procurador-Geral de Justiça intimará a parte contrária para, no prazo de 10 (dez) dias, apresentar contrarrazões e encaminhar os autos ao Órgão Especial do Colégio de Procuradores de Justiça, vez decorrido o prazo, com ou sem as contrarrazões.

- *Art. 287 com redação dada pela Lei Complementar nº 1.147, de 6.9.2011.*

Art. 288. O julgamento realizar-se-á de acordo com as normas regimentais, de cuja sessão não participará o Procurador-Geral de Justiça.

- *Art. 288 com redação dada pela Lei Complementar nº 1.147, de 6.9.2011.*

Parágrafo único. O recorrente e o recorrido serão intimados da data do julgamento e de seu resultado.

- *Parágrafo único acrescido pela Lei Complementar nº 1.147, de 6.9.2011.*

Seção VI – Da Revisão do Processo Administrativo

Art. 289. Admitir-se-á, a qualquer tempo, a revisão de processo disciplinar de que tenha resultado imposição de pena, sempre que forem alegados fatos ou circunstâncias ainda não apreciados ou vícios insanáveis do procedimento, que possam justificar, respectivamente, nova decisão ou anulação.

§ 1º. A simples alegação da injustiça da decisão não será considerada como fundamento para a revisão.

§ 2º. Não será admitida a reiteração de pedido pelo mesmo fundamento.

Art. 290. A instauração do processo revisional poderá ser requerida pelo próprio interessado ou, se falecido ou interdito, por seu curador, cônjuge, ascendente, descendente ou irmão.

Art. 291. O pedido de revisão será dirigido ao Órgão Especial do Colégio de Procuradores de Justiça por petição instruída com as provas que o infrator possuir ou com indicação daquelas que pretenda produzir.

Parágrafo único. O julgamento realizar-se-á de acordo com as normas regimentais.

Art. 292. Deferida a revisão, a autoridade competente poderá alterar a classificação da infração, absolver o punido, modificar a pena ou anular o processo, vedado, em qualquer caso, o agravamento da pena.

Art. 293. Julgada procedente a revisão, restabelecer-se-ão em sua plenitude os direitos atingidos pela punição.

LIVRO III
DISPOSIÇÕES FINAIS E TRANSITÓRIAS

Art. 294. Os cargos do Ministério Público terão as seguintes denominações:

I – Procurador-Geral de Justiça, para designar o Chefe do Ministério Público;

II – Procurador de Justiça, para designar o membro do Ministério Público de segunda instância;

III – Promotor de Justiça, para designar o membro do Ministério Público de primeira instância.

§ 1º. A investidura inicial far-se-á no cargo de Promotor de Justiça Substituto.

§ 2º. A nomenclatura dos cargos de Promotor de Justiça destinados a comarca de entrância final poderá ser acrescida da expressão “da Capital”, no caso da comarca de São Paulo, ou, nos demais casos, do nome da comarca, ou, ainda, nos dois casos, da designação da localidade do respectivo foro regional ou distrital ou de indicativo das funções, sejam especializadas ou não.

- *§ 2º com redação dada pela Lei Complementar nº 981, de 21.12.2005.*

§ 3º. A nomenclatura dos cargos de Promotor de Justiça destinados a comarca ou foro distrital ou regional de entrância inicial ou intermediária terá a designação da sede da comarca ou da localidade a que pertencerem.

- *§ 3º com redação dada pela Lei Complementar nº 981, de 21.12.2005.*

§ 4º. Havendo, na mesma comarca ou localidade, cargos com idêntica nomenclatura, esta será precedida por número que indique a ordem de sua criação.

§ 5º. A designação da comarca ou da localidade na nomenclatura do cargo fixa o âmbito territorial dentro do qual podem ser exercidas as respectivas funções.

§ 6º. Os cargos de Promotor de Justiça poderão ser:

I – Especializados, quando na sua nomenclatura houver indicativo de espécie de infração penal, de relação jurídica de direito civil ou de órgão jurisdicional com competência definida exclusivamente em razão da matéria;

II – Criminais, quando na sua nomenclatura houver a expressão “Criminal”, sem distinção da espécie de infração penal ou de órgão jurisdicional com competência definida exclusivamente em razão da matéria;

III – Cíveis, quando na sua nomenclatura houver a expressão “Cível”, sem distinção da natureza da relação jurídica de direito civil ou de órgão jurisdicional com competência definida exclusivamente em razão da matéria;

IV – Cumulativos ou Gerais, quando na sua nomenclatura não houver qualquer dos indicativos referidos nos incisos anteriores.

§ 7º. Aos cargos de Promotor de Justiça é atribuída a função de atendimento ao público, na respectiva área de atuação.

Art. 295. Aos cargos especializados de Promotor de Justiça, respeitadas as disposições especiais desta Lei Complementar, são atribuídas as funções judiciais e extrajudiciais de Ministério Público, nas seguintes áreas de atuação:

I – Promotor de Justiça de Falências: falências e concordatas, insolvência e liquidação de instituições financeiras, de crédito, de distribuição de títulos ou valores mobiliários no mercado de capitais, sejam situações jurídicas de natureza civil ou criminal;

II – Promotor de Justiça de Acidentes do Trabalho: relações jurídicas de natureza acidentária, inclusive para defesa dos interesses difusos ou coletivos relacionados com o meio ambiente do trabalho;

III – Promotor de Justiça de Família: relações jurídicas de direito de família e das sucessões;

IV – Promotor de Justiça da Infância e Juventude: proteção integral da criança e do adolescente, bem como as relações jurídicas decorrentes de seu regime jurídico especial, desde que de competência da Justiça da Infância e da Juventude;

V – Promotor de Justiça de Registros Públicos: relações jurídicas de natureza preponderantemente registrária e nos feitos de usucapião e de habilitação de casamento;

VI – Promotor de Justiça do Meio Ambiente: defesa dos interesses difusos ou coletivos relacionados com o meio ambiente e outros valores artísticos, históricos, estéticos, turísticos e paisagísticos;

VII – Promotor de Justiça do Consumidor: defesa dos interesses difusos ou coletivos relacionados com o consumidor;

VIII – Promotor de Justiça de Mandados de Segurança: mandados de segurança, ações populares, *habeas data* e mandados de injunção ajuizados na primeira instância;

IX – Promotor de Justiça do Patrimônio Público e Social: defesa da probidade e legalidade administrativas e da proteção do patrimônio público e social;

- *Inciso IX com redação dada pela Lei Complementar nº 1.083, de 17.12.2008.*

X – Promotor de Justiça de Habitação e Urbanismo: defesa de interesses difusos ou coletivos nas relações jurídicas relativas a desmembramento, loteamento e uso do solo para fins urbanos;

XI – Promotor de Justiça de Execuções Criminais: a execução penal e a fiscalização de estabelecimentos prisionais;

XII – Promotor de Justiça dos Tribunais do Júri: procedimentos e processos de competência do órgão jurisdicional respectivo;

XIII – Promotor de Justiça Militar: procedimentos e processos de competência do órgão jurisdicional respectivo;

XIV – Promotor de Justiça de Direitos Humanos: garantia de efetivo respeito dos Poderes Públicos e serviços de relevância pública aos direitos assegurados nas Constituições Federal e Estadual, e, notadamente, a defesa dos interesses individuais homogêneos, coletivos e difusos dos idosos, das pessoas com deficiência, e da saúde pública;

- *Inciso XIV acrescido pela Lei Complementar nº 1.083, de 17.12.2008.*

XV – Promotor de Justiça de Repressão à Sonegação Fiscal: crimes contra a ordem tributária, bem como a promoção de ação civil tendo por objeto ato ou decisão administrativos atentatórios à ordem tributária.

- *Inciso XV acrescido pela Lei Complementar nº 1.083, de 17.12.2008.*

Art. 296. Aos cargos criminais e cíveis são atribuídas todas as funções judiciais e extrajudiciais de Ministério Público, respectivamente na sua área de atuação penal ou cível, salvo aquelas que, na mesma comarca, forem de atribuição de cargos especializados ou de cargos com designação de determinada localidade.

§ 1º. Os cargos com designação de determinada localidade, sejam especializados, criminais, cíveis ou cumulativos ou gerais, terão as atribuições judiciais e extrajudiciais de Ministério Público em correspondência com a competência do órgão jurisdicional nela localizado.

§ 2º. Em face do disposto neste artigo, aos cargos de Promotor de Justiça Cível da Capital são atribuídas as funções judiciais e extrajudiciais de Ministério Público na tutela de interesses de incapazes e nas situações jurídicas de natureza civil, em qualquer caso, desde que não compreendidas na área de atuação de cargos especializados ou de determinada localidade, bem como na proteção das fundações na comarca da Capital.

- *§ 2º com redação dada pela Lei Complementar nº 1.083, de 17.12.2008.*

Art. 297. Aos cargos gerais ou cumulativos são atribuídas todas as funções judiciais e extrajudiciais de Ministério Público, tanto na área de atuação penal como cível, respeitadas as limitações previstas no artigo anterior.

Art. 298. O cargo de Promotor de Justiça Substituto tem a atribuição de substituir ou auxiliar membro do Ministério Público, mediante substituição automática ou por designação do Procurador-Geral de Justiça, passando a exercer as funções judiciais e extrajudiciais daquele que substitui ou auxilia.

Art. 299. Ficam criados na Parte Permanente do Quadro do Ministério Público do Estado:

I – 7 (sete) cargos de Promotor de Justiça, classificados em entrância especial, referência VI, com a denominação de 1º a 7º Promotor de Justiça da Cidadania, com as atribuições do inciso IX, do art. 295, desta Lei Complementar;

II – 3 (três) cargos de Promotor de Justiça, classificados em entrância especial, referência VI, com a denominação de 1º a 3º Promotor de Justiça de Habitação e Urbanismo, com as atribuições do inciso X, do art. 295, desta Lei Complementar;

III – 113 (cento e treze) cargos de Promotor de Justiça, classificados em terceira entrância, referência V;

IV – 99 (noventa e nove) cargos de Promotor de Justiça classificados em segunda entrância, referência IV;

V – 45 (quarenta e cinco) cargos de Promotor de Justiça classificados em primeira entrância, referência III;

VI – 8 (oito) cargos de Promotor de Justiça Substituto, referência I.

§ 1º. Antes da abertura de concurso para provimento inicial dos cargos referidos neste artigo, o Procurador-Geral de Justiça praticará os atos necessários para a atribuição de nomenclatura e numeração ordinal, de acordo com o sistema adotado na Lei Complementar nº 667, de 26 de novembro de 1991 e nesta Lei Complementar.

- ***Lei Complementar nº 667, de 26.11.1991 – Dispõe sobre a criação e extinção de cargos no Quadro do Ministério Público.***

§ 2º. Quando do provimento dos cargos referidos nos incisos I e II, deste artigo, assegurar-se-á preferência, no concurso *[de promoção ou]** de remoção, aos Promotores de Justiça que, à época, exerçam as funções a eles atribuídas por esta Lei Complementar.

- ***ADI STF nº 1.285 de 26.11.1993*** *– Reqte: Procuradoria Geral da República – Reqdos: Governador do Estado e Assembleia Legislativa – Objeto: Artigos 105; 108, caput e § 1º; 111; art. 116, incisos V e X (só a remissão ao inciso V do mesmo artigo); e § 2º do art. 299, todos da Lei Complementar nº 734, de 1993. Obs.: Substituição do relator, Ministro Joaquim Barbosa (8.7.2003) – Liminar deferida conclusos ao relator – 26.9.2001 – Resultado da Liminar: Deferida em Parte – Decisão Plenária da Liminar*

Por votação UNÂNIME, o Tribunal DEFERIU o pedido de medida liminar com efeito ex nunc *e suspendeu, até a decisão final da ação, a eficácia da expressão "de promoção ou", constante do § 2º do art. 299 da LC nº 734, de 26.11.93, do Estado de São Paulo, e, por maioria de votos, o Tribunal também deferiu com efeito* ex nunc *e suspendeu, até decisão final da ação, a eficácia da expressão "e a ação civil pública", constante do inciso V do art. 116 da mesma Lei Complementar (nº 734/1993), vencido, nesta parte, o Ministro Marco Aurélio que indeferia o pedido de medida liminar. O Tribunal, por votação unânime, indeferiu o pedido de medida liminar com relação aos demais preceitos impugnados. Votou o Presidente. Ausentes, ocasionalmente, os Ministros Maurício Corrêa e Sepúlveda Pertence, Presidente. Presidiu o julgamento o Ministro Celso de Mello (art. 37, I do RISTF). – Plenário, 25.10.1995 – Acórdão – DJ 23.3.2001). [*]* Expressão suspensa até decisão final.

Art. 300. Fica alterada a denominação dos atuais:

I – 8 (oito) cargos de 1º a 8º Promotor de Justiça Criminal de Campinas, classificados em 3ª entrância, referência V, para 1º a 8º Promotor de Justiça de Campinas;

II – 10 (dez) cargos de 1º a 10º Promotor de Justiça Curador Geral de Campinas, classificados em 3ª entrância, referência V, para 9º a 18º Promotor de Justiça de Campinas;

III – 1 (um) cargo de Promotor de Justiça Curador de Menores de Campinas, classificado em 3ª entrância, referência V, para 19º Promotor de Justiça de Campinas;

IV – 9 (nove) cargos de 1º a 9º Promotor de Justiça Criminal de Santo André, classificados em 3ª entrância, referência V, para 1º a 9º Promotor de Justiça de Santo André;

V – 9 (nove) cargos de 1º a 9º Promotor de Justiça Curador Geral de Santo André, classificados em 3ª entrância, referência V, para 10º a 18º Promotor de Justiça de Santo André;

VI – 9 (nove) cargos de 1º a 9º Promotor de Justiça Criminal de Santos, classificados em 3ª entrância, referência V, para 1º a 9º Promotor de Justiça de Santos;

VII – 12 (doze) cargos de 1º a 12º Promotor de Justiça Curador Geral de Santos, classificados em 3ª entrância, referência V, para 10º a 21º Promotor de Justiça de Santos;

VIII – 2 (dois) cargos de 1º e 2º Promotor de Justiça Curador de Acidentes do Trabalho de Santos, classificados em 3ª entrância, referência V, para 22º e 23º Promotor de Justiça de Santos;

IX – 1 (um) cargo de Promotor de Justiça Curador de Menores de Santos, classificado em 3ª entrância, referência V, para 24º Promotor de Justiça de Santos.

Parágrafo único. Ressalvado o disposto no art. 22, incisos XIX e XX, desta Lei Complementar, ficam mantidas as atuais atribuições dos cargos a que se refere este artigo, até a respectiva vacância.

Art. 301. Fica suprimida a expressão "Distrital" dos atuais:

I – 2 (dois) cargos de Promotor de Justiça Distrital, criados pelo inciso II, do art. 2º, da Lei nº 1.508, de 23 de dezembro de 1977, classificados em terceira entrância, referência V;

II – 1 (um) cargo de Promotor de Justiça Distrital, criado pelo inciso IV, do art. 1º, da Lei Complementar nº 593, de 29 de março de 1989, classificado em terceira entrância, referência V;

- ***Lei Complementar nº 593, de 29.3.1989 – Cria cargos de Promotor de Justiça no Quadro do Ministério Público do Estado.***

III – 2 (dois) cargos de Promotor de Justiça Distrital, criados pelo inciso IV, do art. 2º, da Lei nº 1.508, de 23 de dezembro de 1977, classificados em segunda entrância, referência IV;

- ***Lei nº 1.508, de 23.12.1977 – Cria cargos previstos na Lei nº 8.101, de 16.4.1964.***

IV – 18 (dezoito) cargos de Promotor de Justiça Distrital criados pelo inciso II, do art. 1º, da Lei nº 3.949, de 14 de dezembro de 1983, classificados em segunda entrância, referência IV;

- ***Lei nº 3.949, de 14.12.1983 – Cria cargos destinados ao Ministério Público do Estado.***

V – 1 (um) cargo de Promotor de Justiça Distrital, criado pelo inciso III, do art. 1º, da Lei Complementar nº 593, de 29 de março de 1989, classificado em segunda entrância, referência IV;

VI – 12 (doze) cargos de Promotor de Justiça Distrital criados pelo inciso I, do art. 1º, da Lei nº 3.949, de 14 de dezembro de 1983, classificados em primeira entrância, referência III;

- *Lei nº 3.949, de 14.12.1983 – Cria cargos destinados ao Ministério Público do Estado.*

VII – 42 (quarenta e dois) cargos de Promotor de Justiça Distrital criados pelo inciso II, do art. 1º, da Lei Complementar nº 593, de 29 de março de 1989, classificados em primeira entrância, referência III.

- *Lei Complementar nº 593, de 29.3.1989 – Cria cargos de Promotor de Justiça no Quadro do Ministério Público do Estado.*

Art. 302. O Procurador-Geral de Justiça praticará os atos necessários à apostila dos títulos dos atuais ocupantes dos cargos a que se referem os arts. 300 e 301 desta Lei Complementar.

Art. 303. O Quadro do Ministério Público compreende:

I – na segunda instância:

a) 1 (um) cargo de Procurador-Geral de Justiça;

b) 202 (duzentos e dois) cargos de Procurador de Justiça;

II – na primeira instância:

a) 610 (seiscentos e dez) cargos de Promotor de Justiça de entrância especial;

b) 490 (quatrocentos e noventa) cargos de Promotor de Justiça de terceira entrância;

c) 290 (duzentos e noventa) cargos de Promotor de Justiça de segunda entrância;

d) 180 (cento e oitenta) cargos de Promotor de Justiça de primeira entrância;

e) 228 (duzentos e vinte e oito) cargos de Promotor de Justiça Substituto.

Parágrafo único. No cargo de Procurador-Geral de Justiça será investido, na forma desta Lei Complementar, um dos titulares dos cargos de Procurador de Justiça.

Art. 304. Fica criado o Fundo Especial do Centro de Estudos e Aperfeiçoamento do Ministério Público de São Paulo, vinculado à unidade de despesa – Gabinete do Procurador-Geral de Justiça –, cuja receita será constituída de:

I – recolhimento efetuado pelos interessados nas atividades referidas no art. 54 e seu parágrafo único, desta Lei Complementar, correspondente ao valor de inscrição ou mensalidades, cuja fixação será feita pelo Conselho do Centro de Estudos, à vista da estimativa de gastos a serem reembolsados;

II – rendimentos decorrentes de depósitos bancários e aplicações financeiras, observadas as disposições legais pertinentes.

§ 1º. Os recursos a que se refere este artigo serão depositados em conta especial de instituições financeiras do Estado, sob a denominação "Fundo Especial do Centro de Estudos e Aperfeiçoamento do Ministério Público do

Estado de São Paulo", cujo saldo credor, apurado em balanço de cada exercício financeiro, será transferido para o exercício seguinte, a seu crédito.

§ 2º. O Conselho do Centro de Estudos, observadas as disposições legais pertinentes, estabelecerá formas de acompanhamento e fiscalização quanto ao recolhimento, gestão e prestação de contas, inclusive perante o Tribunal de Contas do Estado.

§ 3º. Os recursos do Fundo Especial destinam-se exclusivamente a custear as atividades do Centro de Estudos e Aperfeiçoamento do Ministério Público de São Paulo.

§ 4º. O Diretor do Centro de Estudos é obrigado a proceder à publicação mensal dos demonstrativos das receitas e das despesas gravadas nos recursos do Fundo.

§ 5º. Em caso de extinção do Fundo Especial, os recursos existentes reverterão ao Tesouro do Estado.

Art. 305. Os Procuradores de Justiça eleitos para o Órgão Especial do Colégio de Procuradores de Justiça, em junho de 1994, exercerão seus mandatos até dezembro de 1995.

Art. 306. O Procurador de Justiça eleito Corregedor-Geral do Ministério Público, em novembro de 1994, tomará posse excepcionalmente no dia 13 de janeiro de 1995.

Art. 307. Fica mantida a atual organização das Procuradorias de Justiça, devendo o Procurador-Geral de Justiça propor ao Órgão Especial do Colégio de Procuradores de Justiça sua adaptação aos termos desta Lei Complementar, no prazo de 120 (cento e vinte) dias de sua vigência.

Art. 308. Ficam mantidas as Promotorias de Justiça devidamente homologadas antes da vigência desta Lei Complementar.

Parágrafo único. O Procurador-Geral de Justiça deverá tomar as providências necessárias para a organização das demais Promotorias de Justiça, nos termos desta Lei Complementar, no prazo de 180 (cento e oitenta) dias de sua vigência.

Art. 309. O disposto nesta Lei Complementar aplica-se desde logo aos candidatos a estágio do Ministério Público, salvo quanto as normas disciplinadoras do concurso de credenciamento iniciado antes de sua vigência.

Art. 310. Enquanto não regulamentada por lei a gratificação de que trata o art. 181, inciso X, desta Lei Complementar, fica assegurado aos membros do Ministério Público a percepção do adicional de 5% (cinco por cento) por quinquênio de serviço, observada a legislação vigente.

Art. 311. As viúvas de membros do Ministério Público e os membros do Ministério Público em atividade ou aposentados poderão inscrever-se como contribuintes facultativos do IAMSPE, na forma prevista no art. 4º, do Decreto-Lei nº 257, de 29 de maio de 1970, com a redação dada pela Lei nº 2.815, de 23 de abril de 1981, desde que o requeiram no prazo de 180 (cento e oitenta) dias, contados a partir da vigência desta Lei Complementar.

- ***Decreto-Lei nº 257, de 29.5.1970 – Dispõe sobre a finalidade e organização básica do Instituo de Assistência Médica ao servidor Público Estadual – IAMSPE.***

Art. 312. O Ministério Público, no prazo de 180 (cento e oitenta) dias, expedirá os atos e baixará as normas necessárias às adaptações a esta Lei Complementar, ressalvados os prazos especiais nela previstos.

Art. 313. Aplicam-se subsidiariamente ao Ministério Público as disposições do Estatuto dos Funcionários Públicos Civis do Estado, que não colidirem com as desta Lei Complementar, bem como as da Lei Orgânica Nacional do Ministério Público.

- ***Lei nº 8.625, de 12 de fevereiro de 1993 – Institui a Lei Orgânica Nacional do Ministério Público, dispõe sobre normas gerais para a organização do Ministério Público dos Estados.***

Art. 314. As despesas decorrentes da aplicação desta Lei Complementar correrão à conta das dotações próprias consignadas no Orçamento-Programa vigente, suplementadas, se necessário, nos termos da legislação em vigor.

Art. 315. Esta Lei Complementar e suas disposições finais e transitórias entrarão em vigor na data de sua publicação, ficando revogadas as demais disposições em contrário e, em especial, a Lei Complementar nº 304, de 28 de dezembro de 1982, a Lei Complementar nº 657, de 1º de julho de 1991, e as da Lei Complementar nº 686, de 1º de outubro de 1992, com exceção do disposto nos seus arts. 13 e 23.

- ***Lei Complementar nº 304, de 28.12.1982 – Lei Orgânica do Ministério Público. Revoga o Decreto-Lei Complementar nº 12, de 9.3.1970.***
- ***Lei Complementar nº 657, de 1º.7.1991 – Atribui ao Procurador Geral de Justiça a titularidade da ação civil para a decretação da perda de cargo de membro vitalício do Ministério Público, define infrações disciplinares, respectivas sanções e dá outras providências.***
- ***Lei Complementar nº 686, de 1º de outubro de 1992 – Dispõe sobre estágio no Ministério Público e dá outras providências. – Vide nesta edição.***

Palácio dos Bandeirantes, 26 de novembro de 1993.

Luiz Antonio Fleury Filho – Governador do Estado

Eduardo Maia de Castro Ferraz – Secretário da Fazenda

Ernesto Lozardo – Secretário de Planejamento e Gestão

DOE-I de 27.11.1993

LEGISLAÇÃO COMPLEMENTAR E ALTERADORA

LEI COMPLEMENTAR Nº 866, DE 5 DE JANEIRO DE 2000

Dispõe sobre a transformação, durante a vacância, de cargos de Promotor de Justiça.

O Governador do Estado de São Paulo:

Faço saber que a Assembleia Legislativa decreta e eu promulgo a seguinte Lei Complementar:

Art. 1º. Os cargos de Promotor de Justiça poderão ser transformados, durante a vacância, em cargos inominados, de mesma entrância e referência, na forma do disposto no art. 22, inciso XX, c/c o art. 23, *caput*, da Lei Complementar nº 734, de 26 de novembro de 1993.

- ***Lei Complementar nº 734, de 26.11.1993 – Institui a Lei Orgânica do Ministério Público e dá outras providências.***

§ 1º. A proposta do Procurador-Geral de Justiça ao Colégio de Procuradores de Justiça, visando à transformação prevista no *caput* deste artigo, deverá indicar o motivo de interesse público que a fundamenta.

§ 2º. Considera-se, para esse fim, motivo de interesse público a extinção ou a redução substancial das atribuições do cargo de Promotor de Justiça, em virtude de legislação superveniente ou por interpretação assente na jurisprudência.

Art. 2º. O Procurador-Geral de Justiça, antes da abertura de concurso para o provimento inicial dos cargos transformados com base no artigo anterior, submeterá ao Colégio de Procuradores de Justiça a proposta para a atribuição de nomenclatura e numeração ordinal e, após a aprovação, praticará os demais atos administrativos necessários, de acordo com o sistema adotado na Lei Complementar nº 667, de 26 de novembro de 1991, e na Lei Complementar nº 734, de 26 de novembro de 1993.

- ***Lei Complementar nº 667, de 26.11.1991 – Dispõe sobre a criação e extinção de cargos no Quadro do Ministério Público e dá providências correlatas.***
- ***Lei Complementar nº 734, de 26.11.1993 – Institui a Lei Orgânica do Ministério Público e dá outras providências.***

Parágrafo único. O procedimento previsto no *caput* deste artigo aplica-se também a qualquer hipótese de atribuição de nomenclatura aos cargos de Promotor de Justiça.

Art. 3º. Esta Lei Complementar entrará em vigor na data de sua publicação.

Palácio dos Bandeirantes, 5 de janeiro de 2000.

Mário Covas

DOE de 6.1.2000

LEI COMPLEMENTAR Nº 945, DE 8 DE JULHO DE 2003

Altera dispositivos
da Lei Complementar Estadual nº 734, de 26 de novembro de 1993
(Lei Orgânica do Ministério Público de São Paulo), e dá outras providências.

O Governador do Estado de São Paulo:

Faço saber que a Assembleia Legislativa decreta e eu promulgo a seguinte lei complementar:

Art. 1º. O § 2º, bem como seus incisos I, II, III e IV, do art. 10 da Lei Complementar nº 734, de 26 de novembro de 1993, passam a ter a seguinte redação:

- ***Alterações já efetuadas no corpo da Lei Complementar.***

Art. 2º. O § 2º do art. 10 da Lei Complementar nº 734, de 26 de novembro de 1993, passa a vigorar acrescido dos seguintes incisos:

- ***Alterações já efetuadas no corpo da Lei Complementar.***

Art. 3º. O inciso III do art. 11 da Lei Complementar nº 734, de 26 de novembro de 1993, passa a ter a seguinte redação:

- ***Alterações já efetuadas no corpo da Lei Complementar.***

Art. 4º. O art. 27 da Lei Complementar nº 734, de 26 de novembro de 1993, passa a ter a seguinte redação:

- ***Alterações já efetuadas no corpo da Lei Complementar.***

Art. 5º. O art. 27 da Lei Complementar nº 734, de 26 de novembro de 1993, passa a vigorar acrescido dos seguintes parágrafos:

- ***Alterações já efetuadas no corpo da Lei Complementar.***

Art. 6º. Ficam revogados os incisos I a IV do art. 27 da Lei Complementar nº 734, de 26 de novembro de 1993.

- ***Alterações já efetuadas no corpo da Lei Complementar.***

Art. 7º. Esta Lei Complementar entra em vigor na data de sua publicação.

Palácio dos Bandeirantes, 8 de julho de 2003

Geraldo Alckmin

Arnaldo Madeira

DOE de 9.7.2003

LEI COMPLEMENTAR Nº 981, DE 21 DE DEZEMBRO DE 2005

Dispõe sobre a reclassificação de cargos de Promotor de Justiça
de 1ª (Primeira) Instância, e dá outras providências correlatas.

O Governador do Estado de São Paulo:

Faço saber que a Assembleia Legislativa decreta e eu promulgo a seguinte lei complementar:

Art. 1º. Os cargos do Ministério Público a que se refere o art. 303, inciso II, alíneas "a" a "d", da Lei Complementar nº 734, de 26 de novembro de 1993, serão reclassificados em três entrâncias: inicial, intermediária e final.

- ***Lei Complementar nº 734, de 26.11.1993 – Institui a Lei Orgânica do Ministério Público e dá outras providências.***

§ 1º. A investidura inicial far-se-á no cargo de Promotor de Justiça Substituto, ao qual não se aplica a classificação prevista nesta Lei Complementar.

§ 2º. Os cargos de Promotor de Justiça referidos no *caput* deste artigo, que compõem o Quadro Permanente de Cargos do Ministério Público, terão a mesma classificação dos juízos perante os quais seus titulares oficiarem.

§ 3º. Serão reclassificados conforme o parágrafo anterior:

1. na data da promulgação desta Lei Complementar:

a) os cargos de Promotor de Justiça de entrância especial;

b) os cargos vagos de Promotor de Justiça de 1ª (primeira), 2ª (segunda) e 3ª (terceira) entrâncias;

c) os cargos providos de Promotor de Justiça de 1ª (primeira) entrância cujos titulares oficiarem perante juízos reclassificados em entrância inicial;

d) os cargos providos de Promotor de Justiça de 2ª (segunda) entrância cujos titulares oficiarem perante juízos reclassificados em entrância intermediária;

e) os cargos providos de Promotor de Justiça de 3ª (terceira) entrância cujos titulares oficiarem perante juízos reclassificados em entrância final;

2. na vacância, os cargos de Promotor de Justiça de 1ª (primeira), 2ª (segunda) e 3ª (terceira) entrâncias não referidos no inciso anterior, e que estejam providos na data da promulgação desta Lei Complementar.

§ 4º. O Promotor de Justiça titular de cargo em comarca atualmente classificada em 3ª (terceira) ou 2ª (segunda) entrância que vier a ser reclassificada, respectivamente, em entrância intermediária ou inicial, poderá, no prazo de 15 (quinze) dias contados da promulgação desta Lei Complementar, optar, mediante requerimento dirigido ao Procurador-Geral de Justiça, pela reclassificação de seu cargo em entrância intermediária ou inicial, conforme o caso.

Art. 2º. São reclassificados:

I – em entrância final (referência VI):

a) os 2 (dois) cargos inominados de Promotor de Justiça classificados em entrância especial (referência VI), remanescentes dentre os 45 (quarenta e cinco) cargos criados pelo art. 13 da Lei Complementar nº 667, de 26 de novembro de 1991;

- ***Lei Complementar nº 667, de 26.11.1991 – Dispõe sobre a criação e extinção de cargos no Quadro do Ministério Público e dá providências correlatas.***

b) os 44 (quarenta e quatro) cargos de Promotor de Justiça classificados em entrância especial (referência VI), tornados inominados, com fundamento no art. 1º da Lei Complementar nº 866, de 5 de janeiro de 2000, pelos Atos Normativos da Procuradoria-Geral de Justiça nºs 264/2001, 269/2001, 270/2001, 283/2002, 284/2002, 285/2002, 296/2002, 297/2002, 315/2003, 316/2003, 317/2003, 318/2003, 319/2003, 320/2003, 321/2003, 337/2003, 338/2003, 342/2003, 357/2004, 358/2004, 359/2004, 360/2004, 361/2004, 362/2004, 363/2004, 365/2004, 366/2004 e 382/2004;

- ***Lei Complementar nº 866, de 5.1.2000 – Dispõe sobre a transformação, durante a vacância, de cargos de Promotor de Justiça.***

c) os 11 (onze) cargos inominados de Promotor de Justiça remanescentes dentre os 15 (quinze) reclassificados em terceira entrância (referencia V) pela Lei Complementar nº 955, de 20 de maio de 2004;

- ***Lei Complementar nº 955, de 20.5.2004 – Reclassifica, no Quadro do Ministério Público do Estado, os cargos de Promotor de Justiça que especifica, e dá outras providências.***

d) 1 (um) cargo de Promotor de Justiça classificado em terceira entrância (referência V), tornado inominado, com fundamento no art. 1º da Lei Complementar nº 866, de 5 de janeiro de 2000, pelo Ato Normativo da Procuradoria-Geral de Justiça nº 383/2004;

- ***Lei Complementar nº 866, de 5.1.2000 – Dispõe sobre a transformação, durante a vacância, de cargos de Promotor de Justiça.***

II – em entrância intermediária (referência V), os 6 (seis) cargos inominados de Promotor de Justiça classificados em segunda entrância (referência IV), remanescentes dentre os 99 (noventa e nove) cargos criados pelo art. 299, inciso IV, da Lei Complementar nº 734, de 26 de novembro de 1993;

- ***Lei Complementar nº 734, de 26.11.1993 – Institui a Lei Orgânica do Ministério Público e dá outras providências.***

III – em entrância inicial (referência IV), os 18 (dezoito) cargos inominados de Promotor de Justiça classificados em primeira entrância (referência III), remanescentes dentre os 45 (quarenta e cinco) cargos criados pelo art. 299, inciso V, da Lei Complementar nº 734, de 26 de novembro de 1993.

- ***Lei Complementar nº 734, de 26.11.1993 – Institui a Lei Orgânica do Ministério Público e dá outras providências.***

Art. 3º. Ficam criados na Parte Permanente do Quadro do Ministério Público do Estado:

I – 121 (cento e vinte e um) cargos de Promotor de Justiça classificados em entrância final, referência VI;

II – 122 (cento e vinte e dois) cargos de Promotor de Justiça classificados em entrância intermediária, referência V;

III – 46 (quarenta e seis) cargos de Promotor de Justiça classificados em entrância inicial, referência IV.

Parágrafo único. O Procurador-Geral de Justiça, antes da abertura de concurso para o provimento inicial dos cargos criados por este artigo, submeterá ao Órgão Especial do Colégio de Procuradores de Justiça, nos termos do art. 2º da Lei Complementar nº 866, de 5 de janeiro de 2000, proposta para atribuição de nomenclatura e numeração ordinal, de acordo com o sistema adotado na Lei Complementar nº 667, de 26 de novembro de 1991, e na Lei Complementar nº 734, de 26 de novembro de 1993.

- ***Lei Complementar nº 667, de 26.11.1991 – Dispõe sobre a criação e extinção de cargos no Quadro do Ministério Público e dá providências correlatas.***
- ***Lei Complementar nº 866, de 5.1.2000 – Dispõe sobre a transformação, durante a vacância, de cargos de Promotor de Justiça.***

Art. 4º. Ficam criados, na Parte Permanente do Quadro do Ministério Público do Estado, 75 (setenta e cinco) cargos de Promotor de Justiça Substituto de Segundo Grau, classificados em entrância final, referência VI.

§ 1º. Os Promotores de Justiça Substitutos de Segundo Grau terão atribuição para substituir os Procuradores de Justiça e auxiliar os serviços afetos às Procuradorias de Justiça.

§ 2º. Os cargos de Promotor de Justiça Substituto de Segundo Grau serão providos exclusivamente pelo critério de remoção.

§ 3º. Ao Procurador-Geral de Justiça competem as designações dos Promotores de Justiça Substitutos de Segundo Grau.

§ 4º. O Promotor de Justiça Substituto de Segundo Grau terá direito à diferença de vencimento entre o seu cargo e o de Procurador de Justiça.

Art. 5º. (Revogado).

- *Art. 5º revogado pela Lei Complementar nº 1.081, de 17.12.2008.*

Art. 6º. A Lei Complementar nº 734, de 26 de novembro de 1993, passa a vigorar com as seguintes alterações:

I – art. 180;

II – art. 294.

- *Alterações já efetuadas no corpo da Lei Complementar.*

Art. 7º. Aos cargos de Promotor de Justiça de entrância final corresponde a referência VI (art. 1º, § 3º, VI, da Lei Complementar nº 371, de 17 de dezembro de 1984, com a redação que lhe deu o art. 1º da Lei Complementar nº 615, de 16 de junho de 1989); entrância intermediária – referência V (art. 1º, § 3º, V); entrância inicial – referência IV (art. 1º, § 3º, IV); Promotor de Justiça Substituto – referência III (art. 1º, § 3º, III).

- *Lei Complementar nº 371, de 17.12.1984 – Dispõe sobre os vencimentos dos membros do Ministério Público.*

Art. 8º. Fica preservado o direito ao percebimento da gratificação a que se refere o art. 4º da Lei nº 6.375, de 28 de março de 1989, pelos atuais titulares dos cargos de Promotor de Justiça das comarcas indicadas como de difícil provimento em razão do disposto no art. 2º da mencionada lei ou com fundamento na alínea "m" do inciso XII do art. 19 da Lei Complementar nº 734, de 26 de novembro de 1993.

- *Lei nº 6.375, de 28.3.1989 – Disciplina concessão de gratificação aos Magistrados e membros do Ministério Público das Comarcas de difícil provimento.*
- *Lei Complementar nº 734, de 26.11.1993 – Institui a Lei Orgânica do Ministério Público e dá outras providências.*

§ 1º. O disposto no *caput* deste artigo não se aplica ao Promotor de Justiça que, por força de reclassificação para entrância superior da comarca em que oficiar, passar a perceber a diferença de vencimentos na forma do art. 155 da Lei Complementar nº 734, de 26 de novembro de 1993.

- *Lei Complementar nº 734, de 26.11.1993 – Institui a Lei Orgânica do Ministério Público e dá outras providências.*

§ 2º. Na vacância de cargo referido no *caput* deste artigo, cessarão quanto àquele, na mesma data, os efeitos da lei ou do ato que o indicar de difícil provimento, não mais fazendo jus à gratificação prevista no art. 4º da Lei nº 6.375, de 28 de março de 1989, quem vier a ocupá-lo, interina ou efetivamente, dessa data em diante.

- *Lei nº 6.375, de 28.3.1989 – Disciplina concessão de gratificação aos Magistrados e membros do Ministério Público das Comarcas de difícil provimento.*

Art. 9º. O Procurador-Geral de Justiça fará publicar, no prazo de 30 (trinta) dias, contado da data da promulgação desta Lei Complementar, quadro geral de antiguidade dos membros do Ministério Público, previamente aprovado pelo Conselho Superior do Ministério Público, composto por:

I – Lista I: integrada pelos Procuradores de Justiça;

II – Lista II: integrada pelos Promotores de Justiça titulares de cargos atualmente classificados:

a) em entrância especial;

b) em 3ª (terceira) entrância, com exceção dos que optarem pela reclassificação referida no § 4º do art. 1º desta Lei Complementar;

III – Lista III: integrada pelos Promotores de Justiça titulares de cargos atualmente classificados:

a) em 3ª (terceira) entrância que optarem pela reclassificação referida no § 4º do art. 1º desta Lei Complementar;

b) em 2ª (segunda) entrância, com exceção dos que optarem pela reclassificação referida no § 4º do art. 1º desta Lei Complementar;

IV – Lista IV: integrada pelos Promotores de Justiça titulares de cargos atualmente classificados:

a) em 2ª (segunda) entrância que optarem pela reclassificação referida no § 4º do art. 1º desta Lei Complementar;

b) em 1ª (primeira) entrância;

V – Lista V: integrada pelos Promotores de Justiça Substitutos.

§ 1º. Na elaboração da Lista II, será observada a precedência dos Promotores de Justiça titulares de cargos atualmente classificados em entrância especial sobre os titulares de cargos atualmente classificados em 3ª (terceira) entrância.

§ 2º. Na elaboração da Lista III, será observada a precedência dos Promotores de Justiça titulares de cargos atualmente classificados em 3ª (terceira) entrância que optarem pela reclassificação referida no § 4º do art. 1º desta Lei Complementar sobre os titulares de cargos atualmente classificados em 2ª (segunda) entrância.

§ 3º. Na elaboração da Lista IV, será observada a precedência dos Promotores de Justiça titulares de cargos atualmente classificados em 2ª (segunda) entrância que optarem pela reclassificação referida no § 4º do art. 1º desta Lei Complementar sobre os titulares de cargos atualmente classificados em 1ª (primeira) entrância.

§ 4º. As Listas II, III e IV conterão notas que esclareçam, quanto a cada Promotor de Justiça, a classificação, nova ou antiga, do cargo de que é titular.

§ 5º. Na elaboração das listas referidas neste artigo, serão observadas as listas de antiguidade atuais, independentemente da reclassificação e da opção referidas nos §§ 3º e 4º do art. 1º desta Lei Complementar.

§ 6º. Nos concursos de provimento dos cargos de entrância inicial, intermediária e final, o Conselho Superior do Ministério Público observará as seguintes regras:

I – no provimento por remoção dos cargos de entrância final, concorrerão os Promotores de Justiça integrantes da Lista II;

II – no provimento por promoção dos cargos de entrância final, concorrerão os Promotores de Justiça integrantes da Lista III;

III – no provimento por remoção dos cargos de entrância intermediária, concorrerão os Promotores de Justiça integrantes da Lista III;

IV – no provimento por promoção dos cargos de entrância intermediária, concorrerão os Promotores de Justiça integrantes da Lista IV;

V – no provimento por remoção dos cargos de entrância inicial, concorrerão os Promotores de Justiça integrantes da Lista IV;

VI – no provimento por promoção dos cargos de entrância inicial, concorrerão os Promotores de Justiça integrantes da Lista V.

Art. 10. As despesas decorrentes da aplicação desta Lei Complementar correrão à conta de dotações próprias, consignadas no orçamento-programa vigente, suplementadas, se necessário, nos termos da legislação em vigor.

Art. 11. Esta Lei Complementar entra em vigor na data de sua publicação, ficando revogados a alínea "m" do inciso XII do art. 19, o inciso VI do art. 36, o inciso III do § 4º do art. 44, o inciso III do art. 165 e os arts. 167 e 168 da Lei Complementar nº 734, de 26 de novembro de 1993.

- ***Lei Complementar nº 734, de 26.11.1993 – Institui a Lei Orgânica do Ministério Público e dá outras providências.***
- ***Alterações já efetuadas no corpo da Lei Complementar.***

Palácio dos Bandeirantes, aos 21 de dezembro de 2005.

Geraldo Alckmin

Eduardo Refinetti Guardia

DOE de 22.12.2005

LEI COMPLEMENTAR Nº 1.083, DE 17 DE DEZEMBRO DE 2008

Altera a Lei Complementar nº 734, de 26 de novembro de 1993 (Lei Orgânica do Ministério Público do Estado) e dá outras providências.

O Governador do Estado de São Paulo:

Faço saber que a Assembleia Legislativa decreta e eu promulgo a seguinte lei complementar:

Art. 1º. Os dispositivos da Lei Complementar nº 734, de 26 de novembro de 1993, a seguir enumerados passam a vigorar com a seguinte redação:

- ***Alterações já efetuadas no corpo da Lei Complementar.***

I – os dispositivos a seguir indicados do art. 9º:

a) o parágrafo único, renumerado para § 1º:

b) o § 2º incluído no art. 9º:

c) o § 3º incluído no art. 9º:

II – os dispositivos a seguir indicados do art. 19:

a) a alínea "o" do inciso V:

b) a alínea "q" do inciso V:

c) a alínea "b" do inciso XII:

III – o art. 20:

IV – o *caput* do art. 38:

V – o art. 39:

VI – o parágrafo único incluído no art. 61:

VII – o § 1º do art. 63:

VIII – o parágrafo único incluído no art. 76:

IX – o art. 77:

X – o *caput* do art. 78:

XI – o art. 80:

XII – os dispositivos a seguir indicados do art. 81:

a) o *caput*:

b) o § 3º:

XIII – os dispositivos a seguir indicados do art. 82:

a) o *caput*:

b) o inciso V:

XIV – os dispositivos a seguir indicados do art. 85:

a) a alínea "a" do inciso II:

b) a alínea "b" do inciso II:

c) o inciso III:

XV – o art. 87:

XVI – os dispositivos a seguir indicados do art. 88:

a) o *caput*:

b) o § 1º incluído no art. 88:

c) o § 2º incluído no art. 88:

XVII – o parágrafo único incluído no art. 90:

XVIII – os dispositivos a seguir indicados do art. 91:

a) o inciso VI incluído no art. 91:

b) o parágrafo único:

XIX – o inciso VI incluído no art. 92:

XX – o *caput* do art. 120:

XXI – os dispositivos a seguir indicados do art. 181:

a) o inciso XV-A incluído no art. 181:

b) o § 4º incluído no art. 181:

XXII – o § 2º do art. 231:

XXIII – os dispositivos a seguir indicados do art. 295:

a) o inciso IX:

b) o inciso XIV incluído no art. 295:

c) o inciso XV incluído no art. 295:

XXIV – o § 2º do art. 296:

Art. 2º. Os cargos de Promotor de Justiça para o exercício das atribuições dos incisos XIV e XV do art. 295 da Lei Complementar nº 734, de 26 de novembro de 1993, passam a receber as nomenclaturas de Promotor de Justiça dos Direitos Humanos e Promotor de Justiça de Repressão à Sonegação Fiscal, respectivamente, na forma prevista no art. 19, I, "b", 2, da Lei Complementar nº 734, de 26 de novembro de 1993, no art. 2º da Lei Complementar nº 866, de 5 de janeiro de 2000, e no parágrafo único do art. 3º da Lei Complementar nº 981, de 21 de dezembro de 2005.

- ***Lei Complementar nº 734, de 26.11.1993 – Institui a Lei Orgânica do Ministério Público e dá outras providências.***
- ***Lei Complementar nº 866, de 5.1.2000 – Dispõe sobre a transformação, durante a vacância, de cargos de Promotor de Justiça.***

Art. 3º. Ficam alteradas as nomenclaturas dos 10 (dez) cargos de Promotor de Justiça, classificados em entrância final, referência VI, com a denominação de 1º a 10º Promotores de Justiça da Cidadania, com as atribuições previstas no inciso IX do art. 295 da Lei Complementar nº 734, de 26 de novembro de 1993, criados pelo inciso I do art. 299 da Lei Complementar nº 734, de 26 de novembro de 1993, para 1º a 10º Promotor de Justiça do Patrimônio Público e Social.

- *Lei Complementar nº 734, de 26.11.1993 – Institui a Lei Orgânica do Ministério Público e dá outras providências.*

Art. 4º. A distribuição das atribuições das Promotorias de Justiça dos Direitos Humanos e de Repressão à Sonegação Fiscal obedecerá ao disposto no art. 47 da Lei Complementar nº 734, de 26 de novembro de 1993.

- *Lei Complementar nº 734, de 26.11.1993 – Institui a Lei Orgânica do Ministério Público e dá outras providências.*

Art. 5º. As despesas decorrentes da execução desta Lei Complementar correrão à conta das dotações próprias consignadas no orçamento vigente, suplementadas, se necessário, nos termos da legislação em vigor.

Art. 6º. Esta Lei Complementar entra em vigor na data de sua publicação, ficando revogados o parágrafo único do art. 9º, o parágrafo único do art. 78 e os §§ 1º e 2º do art. 120, todos da Lei Complementar nº 734, de 26 de novembro de 1993, bem como o art. 1º da Lei Complementar nº 990, de 20 de fevereiro de 2006, e demais disposições em contrário.

- *Alterações já efetuadas no corpo da Lei Complementar.*
- *Lei Complementar nº 734, de 26.11.1993 – Institui a Lei Orgânica do Ministério Público e dá outras providências.*

Palácio dos Bandeirantes, aos 17 de dezembro de 2008.

José Serra

Mauro Ricardo Machado Costa

DOE de 18.12.2008 – Republicada em 19.12.2008 e 30.12.2008

LEI COMPLEMENTAR Nº 1.084, DE 17 DE DEZEMBRO DE 2008

Transforma Cargos da Parte Permanente do Quadro do Ministério Público do Estado e dá outras providências.

O Governador do Estado de São Paulo:

Faço saber que a Assembleia Legislativa decreta e eu promulgo a seguinte lei complementar:

Art. 1º. Ficam transformados em cargos de Promotor de Justiça Auxiliar de Entrância Final, da Parte Permanente do Quadro de Pessoal do Ministério Público do Estado de São Paulo, 40 (quarenta) dos 121 (cento e vinte e um) cargos de Promotor de Justiça classificados em entrância final, referência VI, criados pelo art. 3º, inciso I, da Lei Complementar nº 981, de 21 de dezembro de 2005.

- *Lei Complementar nº 981, de 21 de dezembro de 2005 – Dispõe sobre a reclassificação de cargos de Promotor de Justiça de 1ª (Primeira) Instância, e dá outras providências correlatas.*

§ 1º. Os cargos de Promotor de Justiça Auxiliar de Entrância Final a que se refere o *caput* deste artigo serão classificados em cargos de entrância intermediária, referência V.

§ 2º. O Procurador-Geral de Justiça, antes da abertura de concurso para o provimento inicial dos cargos transformados por este artigo, submeterá ao órgão especial do Colégio de Procuradores de Justiça, nos termos do art. 2º da Lei Complementar nº 866, de 5 de janeiro de 2000, proposta para atribuição de nomenclatura e numeração ordinal, de acordo com o sistema adotado na Lei Complementar nº 667, de 26 de novembro de 1991, e na Lei Complementar nº 734, de 26 de novembro de 1993.

- *Lei Complementar nº 667, de 26.11.1991 – Dispõe sobre a criação e extinção de cargos no Quadro do Ministério Público e dá providências correlatas.*
- *Lei Complementar nº 734, de 26.11.1993 – Institui a Lei Orgânica do Ministério Público e dá outras providências.*
- *Lei Complementar nº 866, de 5.1.2000 – Dispõe sobre a transformação, durante a vacância, de cargos de Promotor de Justiça.*

Art. 2º. As despesas decorrentes da aplicação desta lei complementar correrão à conta das dotações próprias consignadas no orçamento-programa vigente, suplementadas, se necessário, nos termos da legislação em vigor.

Art. 3º. Esta Lei Complementar entra em vigor na data de sua publicação.

Palácio dos Bandeirantes, aos 17 de dezembro de 2008.

José Serra

DOE-I de 18.12.2008 – Retificação DOE-I de 19.12.2008 e DOE-I 24.12.2008

LEI COMPLEMENTAR Nº 1.127, DE 29 DE NOVEMBRO DE 2010

Dispõe sobre a criação da Ouvidoria do Ministério Público do Estado de São Paulo, prevista no § 5º do art. 130-A da Constituição da República, e dá providências correlatas.

O Governador do Estado de São Paulo:

Faço saber que a Assembleia Legislativa decreta e eu promulgo a seguinte lei complementar:

Art. 1º. Fica criada, na forma desta Lei complementar, a Ouvidoria do Ministério Público, com o objetivo de fortalecer a cidadania e elevar, continuamente, os padrões de transparência, presteza e segurança das atividades desenvolvidas pela instituição.

Art. 2º. Competirá à Ouvidoria do Ministério Público:

I – receber, examinar e encaminhar reclamações, denúncias, críticas, apreciações, comentários, elogios, pedidos de informação e sugestões de qualquer interessado sobre as atividades desenvolvidas pelos órgãos do Ministério Público;

II – solicitar aos setores administrativos competentes informações e esclarecimentos sobre atos praticados no âmbito da instituição ou que sejam de sua responsabilidade, encaminhando as reclamações e denúncias ao Procurador-Geral de Justiça ou ao Corregedor-Geral do Ministério Público, para a adoção das providências cabíveis;

III – representar, se for o caso, ao Conselho Nacional do Ministério Público;

IV – promover a definição de um sistema de comunicação para a divulgação sistemática à sociedade de seu papel institucional;

V – informar ao interessado as providências adotadas pelo Ministério Público em decorrência de seu pedido, excepcionados os casos em que a lei assegurar o dever de sigilo;

VI – definir e implantar instrumentos de coordenação, monitoria, avaliação e controle dos procedimentos em curso na Ouvidoria;

VII – elaborar e encaminhar aos órgãos da administração superior do Ministério Público relatório trimestral consolidado das reclamações, denúncias, críticas, apreciações, sugestões, comentários, elogios e pedidos de informação recebidos, bem como do encaminhamento que lhes foi dado e o resultado obtido;

VIII – propor aos órgãos internos as providências que julgar pertinentes e necessárias ao aperfeiçoamento das atividades desenvolvidas pelo Ministério Público, visando ao adequado atendimento à sociedade e à otimização da imagem institucional;

IX – dar conhecimento aos órgãos da administração superior do Ministério Público ou ao Conselho Nacional do Ministério Público, sempre que solicitado, das reclamações e denúncias recebidas;

X – desenvolver outras atividades correlatas às suas finalidades.

Parágrafo único. A Ouvidoria, que não se insere no rol dos órgãos da administração superior do Ministério Público (art. 5º da Lei Complementar nº 734, de 26 de novembro de 1993), não dispõe de poderes correcionais e não interfere nem substitui as atribuições da Corregedoria-Geral do Ministério Público.

Art. 3º. A função de Ouvidor do Ministério Público será exercida por Procurador de Justiça eleito pelo Colégio de Procuradores de Justiça, por voto obrigatório e secreto, para mandato de 2 (dois) anos, permitida uma recondução, observado o mesmo procedimento.

§ 1º. Em caso de empate na votação, observar-se-á o disposto no art. 31 da Lei Complementar nº 734, de 26 de novembro de 1993.

§ 2º. Os que se seguirem na ordem de votação serão considerados suplentes do eleito, substituindo-o em caso de impedimento, férias, licença ou afastamento e sucedendo-o em caso de vacância, até completar o período do seu antecessor.

§ 3º. Somente poderão concorrer à eleição para Ouvidor do Ministério Público os Procuradores de Justiça em exercício, observadas as seguintes regras:

1. é obrigatória a desincompatibilização, nos casos previstos no art. 10, inciso IV, e no art. 217, inciso IV, da Lei Complementar nº 734, de 26 de novembro de 1993, pelo menos 30 (trinta) dias antes da data fixada para o início da inscrição dos candidatos;

2. os afastados da carreira são inelegíveis, salvo se reassumirem suas funções no Ministério Público até 12 (doze) meses antes da data da eleição.

§ 4º. Cabe ao Conselho Superior do Ministério Público regulamentar a eleição do Ouvidor do Ministério Público.

§ 5º. O Ouvidor do Ministério Público será nomeado por ato do Procurador-Geral de Justiça.

§ 6º. A função de Ouvidor do Ministério Público será exercida com exclusividade, com prejuízo das atribuições normais de seu cargo, sendo-lhe assegurada plena independência funcional.

§ 7º. O Procurador de Justiça nomeado Ouvidor do Ministério Público fica impedido, ao término do mandato e pelo período de 2 (dois) anos, de exercer outros cargos nos órgãos da administração superior.

§ 8º. Fica vedado o exercício da função de Ouvidor por membros do Ministério Público que tenham exercido os cargos de Procurador-Geral de Justiça e de Corregedor-

Geral do Ministério Público, pelo prazo de 4 (quatro) anos, contados do término dos respectivos mandatos.

Art. 4º. O Ouvidor do Ministério Público poderá ser destituído do mandato, pelo voto de 2/3 (dois terços) dos membros do Colégio de Procuradores de Justiça, em caso de abuso de poder, conduta incompatível ou grave omissão nos deveres da função, por proposta de iniciativa do Procurador-Geral de Justiça ou da maioria dos integrantes do Órgão Especial do Colégio de Procuradores de Justiça, assegurada ampla defesa.

§ 1º. Ao processo de destituição do Ouvidor aplicam-se as regras previstas em lei para a destituição do Corregedor-Geral do Ministério Público.

§ 2º. Qualquer cidadão ou entidade representativa poderá representar ao Procurador-Geral de Justiça contra o Ouvidor do Ministério Público, requerendo sua destituição.

§ 3º. O Procurador-Geral de Justiça, recebendo a representação referida no parágrafo anterior, poderá acolhê-la, apresentando-a ao Colégio de Procuradores de Justiça, como proposta de destituição do Ouvidor, ou arquivá-la, de forma motivada.

§ 4º. No prazo de 10 (dez) dias, a contar da data da publicação da decisão de arquivamento no Diário Oficial do Estado, caberá recurso do representante ao Órgão Especial do Colégio de Procuradores de Justiça, que, acolhendo-o, pelo voto da maioria de seus integrantes, mandará processar a representação como proposta de destituição do Ouvidor.

§ 5º. Por motivo de interesse público, o Procurador-Geral de Justiça, mediante aprovação pelo voto da maioria absoluta do Órgão Especial do Colégio de Procuradores de Justiça, poderá determinar o afastamento cautelar do Ouvidor do Ministério Público, antes ou durante o processo de destituição.

§ 6º. Aprovada a proposta, nos termos do *caput* deste artigo, o Ouvidor do Ministério Público será destituído por ato do Procurador-Geral de Justiça.

Art. 5º. Os órgãos referidos nos arts. 5º a 8º da Lei Complementar nº 734, de 26 de novembro de 1993, deverão prestar à Ouvidoria do Ministério Público, em caráter de prioridade, as informações e esclarecimentos que lhes forem solicitados e o apoio operacional de que necessitar.

Art. 6º. A Ouvidoria do Ministério Público promoverá o desenvolvimento e a implantação de um sistema, com base de dados única, que permita o registro das informações relacionadas às suas manifestações, o encaminhamento dado às reclamações, críticas, apreciações, comentários, elogios, pedidos de informação e sugestões recebidas e a monitoração dos procedimentos que delas tenham resultado.

Parágrafo único. As respostas aos interessados serão dadas no prazo máximo de 30 (trinta) dias, salvo justo impedimento ou força maior.

Art. 7º. As reclamações, críticas, apreciações, comentários, elogios, pedidos de informação e sugestões apresentados à Ouvidoria do Ministério Público que se refiram, integral ou parcialmente, a outros órgãos públicos serão, sempre que possível, a eles encaminhados para conhecimento e a tomada das providências pertinentes.

Art. 8º. A estrutura administrativa e funcional da Ouvidoria do Ministério Público será estabelecida por ato do Procurador-Geral de Justiça, mediante prévia apreciação do Órgão Especial do Colégio de Procuradores de Justiça.

Art. 9º. A Ouvidoria do Ministério Público será instalada no prazo de 60 (sessenta) dias a contar da publicação desta Lei.

Art. 10. Esta Lei entra em vigor na data de sua publicação.

Palácio dos Bandeirantes, aos 29 de novembro de 2010.

Alberto Goldman

DOE de 30.11.2010

LEI COMPLEMENTAR Nº 1.147, DE 6 DE SETEMBRO DE 2011

Altera a Lei Complementar nº 734, de 26 de novembro de 1993, que instituiu a Lei Orgânica do Ministério Público do Estado de São Paulo, e dá providências correlatas.

O Governador do Estado de São Paulo:

Faço saber que a Assembleia Legislativa decreta e eu promulgo a seguinte Lei Complementar:

- *Alterações já efetuadas no corpo da Lei.*

Art. 1º. Fica acrescido um inciso VI ao art. 8º da Lei Complementar nº 734, de 26 de novembro de 1993, com a seguinte redação:

Art. 2º. A alínea "a" do inciso VI do art. 19 da Lei Complementar nº 734, de 26 de novembro de 1993, passa a vigorar com a seguinte redação:

Art. 3º. Ficam alterados o inciso III, as alíneas "b" e "d" do inciso X e o inciso XXV do art. 22 da Lei Complementar nº 734, de 26 de novembro de 1993, passando a redação anterior do inciso XXV a figurar como inciso XXVII e incluindo-se um inciso XXVI, todos respectivamente com a seguinte redação:

Art. 4º. O § 1º do art. 23 da Lei Complementar nº 734, de 26 de novembro de 1993, passa a vigorar com a seguinte redação:

Art. 5º. Os incisos XIV e XVI do art. 36 da Lei Complementar nº 734, de 26 de novembro de 1993, passam a vigorar respectivamente com a seguinte redação:

Art. 6º. O parágrafo único do art. 37 da Lei Complementar nº 734, de 26 de novembro de 1993, passa a vigorar com a seguinte redação:

Art. 7º. Ficam alterados o *caput* e os §§ 2º a 6º do art. 38 da Lei Complementar nº 734, de 26 de novembro de 1993, além de incluídos os §§ 7º, 8º e 9º no mesmo dispositivo, respectivamente, com a seguinte redação:

Art. 8º. Fica alterado o *caput* e incluído um parágrafo único no art. 39 da Lei Complementar nº 734, de 26 de novembro de 1993:

Art. 9º. Ficam alterados o *caput* e os incisos I e II do art. 40 da Lei Complementar nº 734, de 26 de novembro de 1993, passando a ter seguinte redação e renumerando-se o inciso II para inciso III:

Art. 10. Os incisos III, V, VI e XVI do art. 42 da Lei Complementar nº 734, de 26 de novembro de 1993, passam a vigorar com a seguinte redação:

Art. 11. O § 5º do art. 44 da Lei Complementar nº 734, de 26 de novembro de 1993, passa a vigorar com a seguinte redação:

Art. 12. Ficam incluídos a Seção VI no Capítulo IV do Título II e os arts. 96-A, 96-B, 96-C e 96-D na Lei Complementar nº 734, de 26 de novembro de 1993, com a seguinte redação:

Art. 13. Ficam renumerados os atuais §§ 1º e 2º para §§ 4º e 5º, respectivamente, fica alterado o *caput* e ficam incluídos os §§ 1º, 2º e 3º no art. 138 da Lei Complementar nº 734, de 26 de novembro de 1993, com a seguinte redação:

Art. 14. Ficam renumerados os atuais §§ 1º e 2º para §§ 4º e 5º, respectivamente, fica alterado o *caput* e ficam incluídos os §§ 1º, 2º e 3º no art. 163 da Lei Complementar nº 734, de 26 de novembro de 1993, com a seguinte redação:

Art. 15. O *caput* e os incisos do art. 227 da Lei Complementar nº 734, de 26 de novembro de 1993, passam a vigorar com a seguinte redação:

Art. 16. O art. 228 da Lei Complementar nº 734, de 26 de novembro de 1993, passa a vigorar com a seguinte redação:

Art. 17. O art. 229 da Lei Complementar nº 734, de 26 de novembro de 1993, passa a vigorar com a seguinte redação:

Art. 18. O art. 230 da Lei Complementar nº 734, de 26 de novembro de 1993, passa a ter a seguinte redação:

Art. 19. O § 1º do art. 231 da Lei Complementar nº 734, de 26 de novembro de 1993, passa a vigorar com a seguinte redação:

Art. 20. O § 1º do art. 232 da Lei Complementar nº 734, de 26 de novembro de 1993, passa a vigorar com a seguinte redação:

Art. 21. Fica alterado o *caput* do art. 234 da Lei Complementar nº 734, de 26 de novembro de 1993, e incluído um parágrafo único, com a seguinte redação:

Art. 22. O *caput* e o parágrafo único do art. 235 da Lei Complementar nº 734, de 26 de novembro de 1993, passam a vigorar com a seguinte redação:

Art. 23. Fica alterado o *caput* do art. 236 da Lei Complementar nº 734, de 26 de novembro de 1993, e incluído um parágrafo único, com a seguinte redação:

Art. 24. O art. 238 da Lei Complementar nº 734, de 26 de novembro de 1993, passa a vigorar com a seguinte redação:

Art. 25. O art. 239 da Lei Complementar nº 734, de 26 de novembro de 1993, passa a vigorar com a seguinte redação:

Art. 26. Fica transformado em parágrafo único o atual § 1º do art. 252 da Lei Complementar nº 734, de 26 de novembro de 1993, com a redação que segue:

Art. 27. O *caput* do art. 253 da Lei Complementar nº 734, de 26 de novembro de 1993, passa a vigorar com a seguinte redação:

Art. 28. Fica renumerado o atual § 4º para § 5º e ficam alterados o *caput* e os §§ 1º, 2º, 3º e 4º do art. 258 da Lei Complementar nº 734, de 26 de novembro de 1993, que passam a vigorar com a seguinte redação:

Art. 29. Ficam alterados o *caput* e os §§ 1º e 2º e fica introduzido o § 3º do art. 263 da Lei Complementar nº 734, de 26 de novembro de 1993, que passam a vigorar com a seguinte redação:

Art. 30. O art. 264 da Lei Complementar nº 734, de 26 de novembro de 1993, passa a vigorar com a seguinte redação:

Art. 31. Ficam alterados o *caput* e os §§ 1º a 10 e incluídos os §§ 11 a 14 no art. 265 da Lei Complementar nº 734, de 26 de novembro de 1993, com a seguinte redação:

Art. 32. Fica alterado o *caput*, renumerando-se o parágrafo único para § 1º e ficam incluídos os §§ 2º e 3º no art. 266 da Lei Complementar nº 734, de 26 de novembro de 1993, que passam a vigorar com a seguinte redação:

Art. 33. O art. 267 da Lei Complementar nº 734, de 26 de novembro de 1993, passa a vigorar com a seguinte redação:

Art. 34. Fica alterado o *caput* e ficam incluídos os §§ 1º a 3º no art. 269 da Lei Complementar nº 734, de 26 de novembro de 1993, que passam a ter a seguinte redação:

Art. 35. O art. 271 da Lei Complementar nº 734, de 26 de novembro de 1993, passa a vigorar com a seguinte redação:

Art. 36. Fica alterado o *caput*, renumerando-se o atual parágrafo único para § 3º e incluindo-se os §§ 1º e 2º no art. 272 da Lei Complementar nº 734, de 26 de novembro de 1993:

Art. 37. O *caput* do art. 273 da Lei Complementar nº 734, de 26 de novembro de 1993, passa a vigorar com a seguinte redação:

Art. 38. Ficam alterados o *caput* e os §§ 1º a 4º e fica incluído o § 5º no art. 274 da Lei Complementar nº 734, de 26 de novembro de 1993, com a seguinte redação:

Art. 39. O art. 275 da Lei Complementar nº 734, de 26 de novembro de 1993, passa a vigorar com a seguinte redação:

Art. 40. Fica alterado o *caput* do art. 276 da Lei Complementar nº 734, de 26 de novembro de 1993, modificando-se e renumerando-se o parágrafo único para § 1º e incluindo-se os §§ 2º e 3º, com a seguinte redação:

Art. 41. Fica incluído o parágrafo único e alterado o *caput* do art. 277 da Lei Complementar nº 734, de 26 de novembro de 1993, que passa a vigorar com a seguinte redação:

Art. 42. O art. 278 da Lei Complementar nº 734, de 26 de novembro de 1993, passa a vigorar com a seguinte redação:

Art. 43. O *caput* e os §§ 1º, 2º e 3º do art. 279 da Lei Complementar nº 734, de 26 de novembro de 1993, passam a vigorar com a seguinte redação:

Art. 44. O *caput* e o parágrafo único do art. 280 da Lei Complementar nº 734, de 26 de novembro de 1993, passam a vigorar com a seguinte redação:

Art. 45. O art. 281 da Lei Complementar nº 734, de 26 de novembro de 1993, passa a vigorar com a seguinte redação:

Art. 46. O *caput* e os §§ 1º e 2º do art. 282 da Lei Complementar nº 734, de 26 de novembro de 1993, passam a vigorar com a seguinte redação:

Art. 47. O art. 283 da Lei Complementar nº 734, de 26 de novembro de 1993, passa a vigorar com a seguinte redação:

Art. 48. O art. 284 da Lei Complementar nº 734, de 26 de novembro de 1993, passa a vigorar com a seguinte redação:

Art. 49. Fica alterado o *caput* do art. 285 da Lei Complementar nº 734, de 26 de novembro de 1993, e incluído o inciso III ao parágrafo único, com a seguinte redação:

Art. 50. O art. 286 da Lei Complementar nº 734, de 26 de novembro de 1993, passa a vigorar com a seguinte redação:

Art. 51. O art. 287 da Lei Complementar nº 734, de 26 de novembro de 1993, passa a vigorar com a seguinte redação:

Art. 52. Fica alterado o art. 288 da Lei Complementar nº 734, de 26 de novembro de 1993, e incluído um parágrafo único, na seguinte conformidade:

Art. 53. A regra prevista no art. 7º terá eficácia depois do término do mandato do Corregedor-Geral do Ministério Público em exercício na data da publicação desta Lei Complementar.

Art. 54. A Comissão Processante Permanente deverá ser constituída no prazo de 60 (sessenta) dias da publicação desta Lei Complementar.

§ 1º. Se a publicação e a constituição ocorrerem em ano par, o mandato da primeira Comissão Processante Permanente terá duração até o final do ano seguinte.

§ 2º. Até a constituição da primeira Comissão Processante Permanente, ficam mantidas as atribuições instrutórias do Corregedor-Geral do Ministério Público em relação aos processos administrativos disciplinares, bem como as atribuições do Conselho Superior do Ministério Público quanto aos processos de remoção compulsória e de disponibilidade.

Art. 55. Esta Lei Complementar entra em vigor na data de sua publicação, revogando-se o § 2º do art. 252 da Lei Complementar nº 734, de 26 de novembro de 1993.

Palácio dos Bandeirantes, 6 de setembro de 2011.

Geraldo Alckmin

DOE de 7.9.2011

LEI COMPLEMENTAR Nº 1.155, DE 26 DE OUTUBRO DE 2011

Altera dispositivos da Lei Complementar nº 734, de 26 de novembro de 1993, que institui a Lei Orgânica do Ministério Público, e dá outras providencias.

O Governador do Estado de São Paulo:

Faço saber que a Assembleia Legislativa decreta e eu promulgo a seguinte lei complementar:

Art. 1º. A alínea "o" do inciso V do art. 19 e o inciso IV do art. 61 da Lei Complementar nº 734, de 26 de novembro de 1993, passam, respectivamente, a vigorar com a seguinte redação:

Art. 2º. O art. 75, da Lei Complementar nº 734, de 26 de novembro de 1993, fica acrescido de um parágrafo único com a seguinte redação:

Art. 3º. O *caput* do art. 23 da Lei Complementar nº 734, de 26 de novembro de 1993, passa a vigorar com a seguinte redação:

Art. 4º. Fica o art. 62 da Lei Complementar nº 734, de 26 de novembro de 1993, acrescido de um inciso VI e dos §§ 1º e 2º, respectivamente, com a seguinte redação:

Art. 5º. O inciso IX do art. 36 da Lei Complementar nº 734, de 26 de novembro de 1993, passa a vigorar com a seguinte redação:

Art. 6º. Fica alterado o *caput* do art. 102 da Lei Complementar nº 734, de 26 de novembro de 1993, incluindo-se-lhe um parágrafo único, respectivamente, com a seguinte redação:

Art. 7º. Fica alterado o art. 119 da Lei Complementar nº 734, de 26 de novembro de 1993, que passa a ter a seguinte redação:

Art. 8º. O § 3º do art. 126 da Lei Complementar nº 734, de 26 de novembro de 1993, passa a ter a seguinte redação:

Art. 9º. Fica alterado o art. 199 da Lei Complementar nº 734, de 26 de novembro de 1993, que passa a ter a seguinte redação:

Art. 10. O atual art. 199 da Lei Complementar nº 734, de 26 de novembro de 1993, passa a figurar como art. 199-A, com a seguinte redação:

Art. 11. O art. 208 da Lei Complementar nº 734, de 26 de novembro de 1993, passa a ter a seguinte redação:

Art. 12. O art. 246 da Lei Complementar nº 734, de 26 de novembro de 1993, passa a vigorar acrescido de um § 4º com a seguinte redação:

- ***Alterações já efetuadas no corpo da pela Lei Complementar.***

Art. 13. Esta Lei Complementar entra em vigor na data de sua publicação.

Palácio dos Bandeirantes, 26 de outubro de 2011.

Geraldo Alckmin

DOE de 27.10.2011

CÓDIGO DE ÉTICA DA MAGISTRATURA NACIONAL

(Aprovado na 68ª Sessão Ordinária do Conselho Nacional de Justiça, do dia 6 de agosto de 2008, nos autos do Processo nº 200820000007337)

O CONSELHO NACIONAL DE JUSTIÇA, no exercício da competência que lhe atribuíram a Constituição Federal (art. 103-B, § 4º, I e II), a Lei Orgânica da Magistratura Nacional (art. 60 da LC nº 35/1979) e seu Regimento Interno (art. 19, incisos I e II);

Considerando que a adoção de Código de Ética da Magistratura é instrumento essencial para os juízes incrementarem a confiança da sociedade em sua autoridade moral;

Considerando que o Código de Ética da Magistratura traduz compromisso institucional com a excelência na prestação do serviço público de distribuir Justiça e, assim, mecanismo para fortalecer a legitimidade do Poder Judiciário;

Considerando que é fundamental para a magistratura brasileira cultivar princípios éticos, pois lhe cabe também função educativa e exemplar de cidadania em face dos demais grupos sociais;

Considerando que a Lei veda ao magistrado "procedimento incompatível com a dignidade, a honra e o decoro de suas funções" e comete-lhe o dever de "manter conduta irrepreensível na vida pública e particular" (LC nº 35/79, arts. 35, inciso VIII, e 56, inciso II); e

Considerando a necessidade de minudenciar os princípios erigidos nas aludidas normas jurídicas;

RESOLVE aprovar e editar o presente CÓDIGO DE ÉTICA DA MAGISTRATURA NACIONAL, exortando todos os juízes brasileiros à sua fiel observância.

CAPÍTULO I – DISPOSIÇÕES GERAIS

Art. 1º. O exercício da magistratura exige conduta compatível com os preceitos deste Código e do Estatuto da Magistratura, norteando-se pelos princípios da independência, da imparcialidade, do conhecimento e capacitação, da cortesia, da transparência, do segredo profissional, da prudência, da diligência, da integridade profissional e pessoal, da dignidade, da honra e do decoro.

Art. 2º. Ao magistrado impõe-se primar pelo respeito à Constituição da República e às leis do País, buscando o fortalecimento das instituições e a plena realização dos valores democráticos.

Art. 3º. A atividade judicial deve desenvolver-se de modo a garantir e fomentar a dignidade da pessoa humana, objetivando assegurar e promover a solidariedade e a justiça na relação entre as pessoas.

CAPÍTULO II – INDEPENDÊNCIA

Art. 4º. Exige-se do magistrado que seja eticamente independente e que não interfira, de qualquer modo, na atuação jurisdicional de outro colega, exceto em respeito às normas legais.

Art. 5º. Impõe-se ao magistrado pautar-se no desempenho de suas atividades sem receber indevidas influências externas e estranhas à justa convicção que deve formar para a solução dos casos que lhe sejam submetidos.

Art. 6º. É dever do magistrado denunciar qualquer interferência que vise a limitar sua independência.

Art. 7º. A independência judicial implica que ao magistrado é vedado participar de atividade político-partidária.

CAPÍTULO III – IMPARCIALIDADE

Art. 8º. O magistrado imparcial é aquele que busca nas provas a verdade dos fatos, com objetividade e fundamento, mantendo ao longo de todo o processo uma distância equivalente das partes, e evita todo o tipo de comportamento que possa refletir favoritismo, predisposição ou preconceito.

Art. 9º. Ao magistrado, no desempenho de sua atividade, cumpre dispensar às partes igualdade de tratamento, vedada qualquer espécie de injustificada discriminação.

Parágrafo único. Não se considera tratamento discriminatório injustificado:

I – a audiência concedida a apenas uma das partes ou seu advogado, contanto que se assegure igual direito à parte contrária, caso seja solicitado;

II – o tratamento diferenciado resultante de lei.

CAPÍTULO IV – TRANSPARÊNCIA

Art. 10. A atuação do magistrado deve ser transparente, documentando-se seus atos, sempre que possível, mesmo quando não legalmente previsto, de modo a favorecer sua publicidade, exceto nos casos de sigilo contemplado em lei.

Art. 11. O magistrado, obedecido o segredo de justiça, tem o dever de informar ou mandar informar aos interessados acerca dos processos sob sua responsabilidade, de forma útil, compreensível e clara.

Art. 12. Cumpre ao magistrado, na sua relação com os meios de comunicação social, comportar-se de forma prudente e equitativa, e cuidar especialmente:

I – para que não sejam prejudicados direitos e interesses legítimos de partes e seus procuradores;

II – de abster-se de emitir opinião sobre processo pendente de julgamento, seu ou de outrem, ou juízo depreciativo sobre despachos, votos, sentenças ou acórdãos, de órgãos judiciais, ressalvada a crítica nos autos, doutrinária ou no exercício do magistério.

Art. 13. O magistrado deve evitar comportamentos que impliquem a busca injustificada e desmesurada por reconhecimento social, mormente a autopromoção em publicação de qualquer natureza.

Art. 14. Cumpre ao magistrado ostentar conduta positiva e de colaboração para com os órgãos de controle e de aferição de seu desempenho profissional.

CAPÍTULO V – INTEGRIDADE PESSOAL E PROFISSIONAL

Art. 15. A integridade de conduta do magistrado fora do âmbito estrito da atividade jurisdicional contribui para uma fundada confiança dos cidadãos na judicatura.

Art. 16. O magistrado deve comportar-se na vida privada de modo a dignificar a função, cônscio de que o exercício da atividade jurisdicional impõe restrições e exigências pessoais distintas das acometidas aos cidadãos em geral.

Art. 17. É dever do magistrado recusar benefícios ou vantagens de ente público, de empresa privada ou de pessoa física que possam comprometer sua independência funcional.

Art. 18. Ao magistrado é vedado usar para fins privados, sem autorização, os bens públicos ou os meios disponibilizados para o exercício de suas funções.

Art. 19. Cumpre ao magistrado adotar as medidas necessárias para evitar que possa surgir qualquer dúvida razoável sobre a legitimidade de suas receitas e de sua situação econômico-patrimonial.

CAPÍTULO VI – DILIGÊNCIA E DEDICAÇÃO

Art. 20. Cumpre ao magistrado velar para que os atos processuais se celebrem com a máxima pontualidade e para que os processos a seu cargo sejam solucionados em um prazo razoável, reprimindo toda e qualquer iniciativa dilatória ou atentatória à boa-fé processual.

Art. 21. O magistrado não deve assumir encargos ou contrair obrigações que perturbem ou impeçam o cumprimento apropriado de suas funções específicas, ressalvadas as acumulações permitidas constitucionalmente.

§ 1º. O magistrado que acumular, de conformidade com a Constituição Federal, o exercício da judicatura com o magistério deve sempre priorizar a atividade judicial, dispensando-lhe efetiva disponibilidade e dedicação.

§ 2º. O magistrado, no exercício do magistério, deve observar conduta adequada à sua condição de juiz, tendo em vista que, aos olhos de alunos e da sociedade, o magistério e a magistratura são indissociáveis, e faltas éticas na área do ensino refletirão necessariamente no respeito à função judicial.

CAPÍTULO VII – CORTESIA

Art. 22. O magistrado tem o dever de cortesia para com os colegas, os membros do Ministério Público, os advogados, os servidores, as partes, as testemunhas e todos quantos se relacionem com a administração da Justiça.

Parágrafo único.Impõe-se ao magistrado a utilização de linguagem escorreita, polida, respeitosa e compreensível.

Art. 23. A atividade disciplinar, de correição e de fiscalização serão exercidas sem infringência ao devido respeito e consideração pelos correicionados.

CAPÍTULO VIII – PRUDÊNCIA

Art. 24. O magistrado prudente é o que busca adotar comportamentos e decisões que sejam o resultado de juízo justificado racionalmente, após haver meditado e valorado os argumentos e contra-argumentos disponíveis, à luz do Direito aplicável.

Art. 25. Especialmente ao proferir decisões, incumbe ao magistrado atuar de forma cautelosa, atento às consequências que pode provocar.

Art. 26. O magistrado deve manter atitude aberta e paciente para receber argumentos ou críticas lançados de forma cortês e respeitosa, podendo confirmar ou retificar posições anteriormente assumidas nos processos em que atua.

CAPÍTULO IX – SIGILO PROFISSIONAL

Art. 27. O magistrado tem o dever de guardar absoluta reserva, na vida pública e privada, sobre dados ou fatos pessoais de que haja tomado conhecimento no exercício de sua atividade.

Art. 28. Aos juízes integrantes de órgãos colegiados impõe-se preservar o sigilo de votos que ainda não hajam sido proferidos e daqueles de cujo teor tomem conhecimento, eventualmente, antes do julgamento.

CAPÍTULO X – CONHECIMENTO E CAPACITAÇÃO

Art. 29. A exigência de conhecimento e de capacitação permanente dos magistrados tem como fundamento o direito dos jurisdicionados e da sociedade em geral à obtenção de um serviço de qualidade na administração de Justiça.

Art. 30. O magistrado bem formado é o que conhece o Direito vigente e desenvolveu as capacidades técnicas e as atitudes éticas adequadas para aplicá-lo corretamente.

Art. 31. A obrigação de formação contínua dos magistrados estende-se tanto às matérias especificamente jurídicas quanto no que se refere aos conhecimentos e técnicas que possam favorecer o melhor cumprimento das funções judiciais.

Art. 32. O conhecimento e a capacitação dos magistrados adquirem uma intensidade especial no que se relaciona com as matérias, as técnicas e as atitudes que levem à máxima proteção dos direitos humanos e ao desenvolvimento dos valores constitucionais.

Art. 33. O magistrado deve facilitar e promover, na medida do possível, a formação dos outros membros do órgão judicial.

Art. 34. O magistrado deve manter uma atitude de colaboração ativa em todas as atividades que conduzem à formação judicial.

Art. 35. O magistrado deve esforçar-se para contribuir com os seus conhecimentos teóricos e práticos ao melhor desenvolvimento do Direito e à administração da Justiça.

Art. 36. É dever do magistrado atuar no sentido de que a instituição de que faz parte ofereça os meios para que sua formação seja permanente.

CAPÍTULO XI – DIGNIDADE, HONRA E DECORO

Art. 37. Ao magistrado é vedado procedimento incompatível com a dignidade, a honra e o decoro de suas funções.

Art. 38. O magistrado não deve exercer atividade empresarial, exceto na condição de acionista ou cotista e desde que não exerça o controle ou gerência.

Art. 39. É atentatório à dignidade do cargo qualquer ato ou comportamento do magistrado, no exercício profissional, que implique discriminação injusta ou arbitrária de qualquer pessoa ou instituição.

CAPÍTULO XII – DISPOSIÇÕES FINAIS

Art. 40. Os preceitos do presente Código complementam os deveres funcionais dos juízes que emanam da Constituição Federal, do Estatuto da Magistratura e das demais disposições legais.

Art. 41. Os Tribunais brasileiros, por ocasião da posse de todo Juiz, entregar-lhe-ão um exemplar do Código de Ética da Magistratura Nacional, para fiel observância durante todo o tempo de exercício da judicatura.

Art. 42. Este Código entra em vigor, em todo o território nacional, na data de sua publicação, cabendo ao Conselho Nacional de Justiça promover-lhe ampla divulgação.

Brasília, 26 de agosto de 2008.

DJ de 18.9.2008

ÍNDICE ALFABÉTICO-REMISSIVO